Christine Erdiç

Nutze dein Potenzial

AF219514

ISBN: 978-3-7543-7328-6

© 2021 Herstellung und Verlag:
BoD - Books on Demand,
Norderstedt
www.bod.de

MIX
Papier aus verantwortungsvollen Quellen
Paper from responsible sources
FSC® C105338

FSC
www.fsc.org

INHALTSVERZEICHNIS

Vorwort

Wir Menschen sind durchweg verschieden, haben unterschiedliche Interessen, Bedürfnisse und Talente. Selten wird man zwei Menschen finden, die in allen Punkten übereinstimmen, aber eben das macht uns zu einzigartigen Individuen. Es ist nicht immer einfach, anderen seinen Standpunkt zu vermitteln, seine Wünsche durchzusetzen und sich in eine Gemeinschaft einzuordnen, die ihre Strukturen in weitgehend starrer Form vorgibt. Es ist an uns, dabei nicht unterzugehen und unser Potenzial so zu nutzen, dass es zumindest uns befriedigt und im Idealfall auch noch etwas zum Wohl der Gesellschaft beiträgt. Woraus sich dieses „Potenzial" zusammensetzt erläutere ich in einem späteren Kapitel.

Es war mir sehr wichtig, nicht nur einen trockenen Ratgeber zu schreiben, sondern auch anschauliche Beispiele einzufügen, die aus dem realen Leben stammen und motivieren und auflockern sollen.

Was du, lieber Leser, letztendlich aus diesem Büchlein mitnimmst, bzw. anwendest, liegt in deinem eigenen Ermessen.

Das künstliche Licht dieser Welt

An einem kalten Winterabend um 18 Uhr erblickte ich das künstliche Licht dieser Welt. Meine Geburt dauerte satte 12 Stunden, und man hätte mich eigentlich per Kaiserschnitt holen müssen. Meine Mutter erholte sich folglich auch nur sehr langsam von den Strapazen. Ich war zwar wohl auf, aber den Erzählungen nach ein sehr eigenwilliges und auch etwas seltsames Kind. Vielleicht hat mir der Weg durch das - laut Arzt - zu enge Becken meiner Mutter doch mehr zu schaffen gemacht, als es zunächst den Anschein hatte. Jedenfalls weigerte ich mich später strikt, durch diese seltsamen Betonröhren auf Spielplätzen zu kriechen, weil ich darin Platzangst bekam. Ich schottete mich gerne ab und konnte bzw. kann mich sehr gut alleine beschäftigen. Kurz gesagt: Von klein auf fühlte ich mich wie ein Alien inmitten Normalos, die im Gegensatz zu mir genau wissen, in welche Richtung sie zu marschieren haben.

„Wenn ich nicht ganz genau wüsste, dass es unmöglich ist, würde ich sagen, du bist vertauscht worden. Aber in der kleinen Privatklinik gab es damals außer dir nur noch ein anderes Baby, dessen Vater aus Algerien stammte", sagte meine Mutter oft zu mir. Oder auch: „Woher hast du nur diesen seltsamen Reisetrieb? Das liegt so gar nicht in unserer Familie." Dass ich extrem reiselustig bin stimmt, aber vielleicht kommt das ja von Seiten meines Vaters, dessen Familie ich nie kennengelernt habe, da nach dem Krieg einfach niemand mehr greifbar war und Ostberlin inzwischen zur ehemaligen DDR gehörte, während ich im Westen aufwuchs. Vergeblich hoffte ich viele Jahre auf meine eigentlichen Eltern zu stoßen, die eines Tages vor der Tür stehen und ihr Recht einfordern würden. Dann könnte ich vielleicht sogar noch Geschwister bekommen, wie meine Freundinnen, die jede mit einem Brüderchen oder Schwesterchen gesegnet waren. Doch ich wartete vergeblich und fand mich schließlich schweren Herzens mit dem Gedanken ab, als Einzelkind aufzuwachsen.

Mein Vater war sehr talentiert, er konnte nicht nur gut malen sondern auch wunderschöne bildhafte Geschichten erzählen. So unterhielt er mich Sonntagsmorgens - während meine Mutter noch schlummerte - mit selbst erdachten Märchen von Hexen und Flaschengeistern, die für mich eine greifbare Form annahmen. Für das Malen begeisterte ich mich ebenfalls von Kindesbeinen an. Außerdem war kein Buch vor mir sicher, und ich verschlang bereits im zarten Alter von neun Jahren heimlich „Der Arzt von Stalingrad", „Das Herz der 6. Armee" und „Die Tochter des Teufels" von Konsalik. Ich schrieb leidenschaftlich gerne selber kleine Geschichten und Gedichte - mit letzteren wurden an Geburtstagen die lieben Verwandten beglückt. So hatte ich wohl doch etwas geerbt, und damit wurden meine wahren Wurzeln – trotz zum Teil wohl berechtigter Zweifel meiner Mutter - letztendlich frei gelegt. Nur eines der Talente meines Vaters blieb mir für immer versagt: Er war musikalisch hochbegabt, nahm Gesangsunterricht und sang Tenor. Sein Ziel war von jeher die Oper, doch schon vor meiner Geburt musste er die heiß begehrten Gesangstunden aus Geldmangel abbrechen. 1922 geboren, war er somit nicht nur ein Opfer des zweiten Weltkrieges mit einer nicht ausgelebten Jugend sondern wurde zudem auch eines der Nachkriegszeit. Ich weiß noch, dass er jedes Mal Zustände bekam, wenn ich den Mund öffnete, um die Lieder von Mireille Matthieu mit Begeisterung und ausgeprägtem französischem Akzent nachzusingen. „Du wechselst dabei ja sogar die Tonleitern! Wie ist das nur möglich? Hör bloß auf, das erträgt ja kein Mensch!" Meine Mutter drückte sich einfacher aus: „Kack in einen Strumpf und wirf ihn die Treppe hinunter. Das klingt besser."

Nun, man kann eben nicht jedes Talent erben. Irgendwann sah ich ein, dass mein Gesang nur in meinen eigenen Ohren gut klang und beschloss gnädig, meine Mitmenschen fortan damit zu verschonen.

Man soll die Talente nutzen, die man hat – egal ob geerbt oder Marke Eigenbau. Es gibt niemanden, der gar nichts vermag. Jeder hat seine Fähigkeiten und mag Dinge, die ihm besonders liegen. Der eine kann eben gut singen oder malen, ein anderer kocht hervorragende Gerichte, ist sprachbegabt, saugt mathematisches oder architektonisches Verständnis sozusagen mit der Muttermilch ein oder ist besonders sportlich veranlagt. Und dann gibt es noch jene Menschen, die etwas völlig Neues erfinden oder kreieren.

Ob man seine Fähigkeiten und Neigungen nun ausschließlich als Hobby nutzt oder beruflich, das muss letztendlich jeder für sich selbst entscheiden. Beides kann durchaus erfüllend und befriedigend sein. Ich erinnere mich noch, dass ich meinen Kindern immer sagte: „Es ist nicht so wichtig, was ihr macht sondern dass ihr es möglichst gut macht." Um etwas wirklich gut zu machen, muss man aber mit Leib und Seele dabei sein – und darin liegt das Geheimnis des Erfolgs. In dem Augenblick, wo einem etwas nicht mehr so wichtig ist und man nur noch halbherzig dabei ist, hat man schon verloren.

Was ist eigentlich Potenzial?

Potenzial wird als Entwicklungsmöglichkeit definiert, oder auch als die Gesamtheit der noch nicht ausgeschöpften Möglichkeiten, Mittel, Energie und Fähigkeiten des Einzelnen.

Ich würde es also mal so ausdrücken: Potenzial schließt nicht nur die Talente bzw. Fähigkeiten einer Person ein sondern auch die Lebensumstände, in denen sie sich gerade befindet. Demzufolge hat es das Kind einer armen Familie beispielsweise in Afrika schwerer, seine vorhandenen Talente auszuleben oder einzusetzen als ein vergleichsweise wesentlich besser situiertes westeuropäisches Kind.

Das afrikanische muss höchstwahrscheinlich seine Familie beim Broterwerb unterstützen, während das europäische sich auf die Schule und seine Hobbys konzentrieren darf und dazu im Idealfall noch gefördert wird.

Bleiben wir aber mal in Europa. Natürlich gibt es auch hier soziale Unterschiede. Meine eigenen Eltern, die beide „nur" einen Volksschulabschluss hatten, ließen sich damals erst durch gutes Zureden der Lehrerin überzeugen, mich auf einem Gymnasium anzumelden. Ihr Argument war, dass sie mir weder bei Mathematik noch bei Fremdsprachen helfen konnten, wenn dies nötig sein sollte.

Mathe war dann auch tatsächlich nicht so mein Ding, Fremdsprachen fielen mir hingegen leicht, wobei ich das sture Vokabeln pauken schlicht ablehnte. Ich lernte lieber und leichter anhand englischer Liedertexte, schließlich wollte ich verstehen, was dort gesungen wurde. Eine Freundin, heute Lehrerin, erzählt mir manchmal noch lachend, dass sie mich ihren Schülern damit schon öfter als leuchtendes Beispiel hingestellt hat, wie man sich eine Fremdsprache auf andere Art und Weise einverleiben kann.

Vielleicht ist meine schnelle Auffassungsgabe fremder Sprachen ja sogar ein selbst entwickeltes Talent, da meine Eltern niemals eine Fremdsprache lernten – oder etwas, das aus einem vorherigen Leben in meinem Unterbewusstsein erhalten geblieben ist. Als ich mit 18 Jahren zum ersten Mal mit Freundinnen per Interrail nach Portugal fuhr, traf es mich wie ein Schlag, als ich in Lissabon aus dem Zug stieg. Ich hatte ein echtes Déjà-vu! Die Menschen, die Sprache, die Stadt, das war mir alles so vertraut. Und sogar die eigentümliche Aussprache der portugiesischen Wörter fiel mir nur so zu. Manchmal imitierte ich aber wohl etwas zu perfekt. Ich erinnere mich an eine Begebenheit, wie ich an einem Kiosk drei Eis für mich und meine Freundinnen forderte - das ganze natürlich auf Portugiesisch - und einen wahren Wortschwall des Verkäufers auslöste, welcher mich total überforderte. Später stellte sich heraus, dass der gute Mann mich für eine portugiesische Emigrantin gehalten hatte, die in ihrem Heimatland Urlaub machte.

Die Trennung von Portugal fiel mir am Ende unseres Urlaubs übrigens erstaunlich schwer und ging mir regelrecht an die Nieren. Als wir an der Algarve auf den Trittstufen des Bummelzugs, der uns wieder Richtung Lissabon bringen sollte, saßen (was eigentlich verboten war, aber so manch freundlicher Schaffner drückte damals noch ein Auge zu) und ich meinen Freundinnen sagte, dass ich mich am liebsten dort draußen an den Bäumen festklammern würde, erntete ich nur verständnisloses Kopfschütteln. Nein, das konnten sie so gar nicht nachempfinden. Sie freuten sich im Gegensatz zu mir schon sehr auf zu Hause. Mein Traum war es, mich irgendwann in Portugal niederzulassen, doch dann lernte ich während eines Türkeiurlaubs meinen Mann kennen – und so blieb jener Wunsch von damals letztendlich bis heute unerfüllt.

Gut zehn Jahre später, als ich mit Mann und Kindern in Monte Gordo an der Algarve Campingurlaub machte, kehrten nicht nur meine inzwischen stark vernachlässigten Sprachkenntnisse zurück, sondern auch die Erkenntnis, dass ich mit dem Wort zu Hause wohl etwas ganz anders verband als die meisten meiner Mitmenschen. Waren wir am Strand, so war zu Hause ganz einfach das Zelt. Waren wir in einer fremden Stadt, definierte ich damit zum Vergnügen der Kinder das Hotelzimmer. Beide Töchter erbten übrigens mein Sprachtalent, die jüngere dazu noch meine Reiselust – und zwar in gesteigertem Maß.

Doch zurück zum Potenzial! Leider ist es oft so, dass wir Talente erst spät erkennen oder sie uns von anderen ganz einfach ausgeredet werden. So hörte auch ich zu Hause immer wieder den Spruch: Das ist doch eine brotlose Kunst! Oder: Bleibe im Lande und nähre dich redlich!

Vor Augen hatte ich dabei eine unzufriedene Mutter, die ihre Ziele, unter anderem ein Job im Büro, nicht hatte verwirklichen können und sich stattdessen im Verkauf mit Käse- und Brotlaiben abmühte und einen Vater mit Tenorstimme, der sein Dasein im Büro fristete und oft mit heftigen Kopfschmerzen von der Arbeit zurückkehrte.

Mein Schrei nach Selbstverwirklichung im künstlerischen Bereich wurde überhört, ich stieß auf taube Ohren, und am Ende landete ich genau dort, wo ich nie hatte sein wollen, nämlich in einem Büro – wie konnte es auch anders sein - und noch dazu in der Rechnungsprüfung, wenn auch nur für eine gewisse Zeit.

Malen und Schreiben blieben natürlich neben Lesen, Reisen, Schwimmen und Sonnenbaden meine große Leidenschaft.

Doch erst Jahre später entschied ich mich, ein Manuskript zu veröffentlichen – und zwar auf Anraten meiner begeisterten jüngeren Tochter, der ich den selbstverfassten Stoff zu lesen gegeben hatte. So begann meine Karriere als sogenannte Hobby-Autorin. Zu jener Zeit wohnten wir bereits in Izmir an der türkischen Ägäis-Küste. Inspiriert hat mich jedoch eine kleine Koboldfigur, die mir während meines Deutschlandurlaubs in Wernigerode in einem Harzer Souvenirshop das Herz stahl. Fortan thronte Kobold Nepomuck in der Stube auf dem Fernseher und lenkte mich so manches Mal mit listigem Funkeln in senen dunklen Augen vom Abendprogramm ab. Natürlich musste ich all seine Geschichten, die er mir heimlich zuflüsterte, sofort zu Papier bringen, später übertrug ich sie dann gewissenhaft auf mein Laptop. Und so entstand schließlich mein erstes Kinderbuch „Nepomucks Abenteuer" - das inzwischen vom Karina-Verlag neu verlegt wurde - im Self-Publishing bei Tredition.

Manchmal brauchen wir wohl erst den richtigen Impuls oder Anstoß, um etwas Neues zu beginnen. Oftmals fehlt uns auch der Mut oder das Selbstvertrauen dazu. Dennoch sollten wir uns nicht durch die Meinung anderer von unseren Interessen, Talenten und Zielen abbringen lassen. Probieren geht über Studieren! Und was haben wir letztendlich denn schon zu verlieren? Wir sollten unsere Träume leben, anstatt nur von einem anderen Leben zu träumen. Es ist dabei übrigens sehr hilfreich, sich mit positiv eingestellten Menschen zu umgeben, die nicht gleich in jeder Suppe ein Haar suchen und uns von vornherein den Wind aus den Segeln nehmen wollen. Meine Tochter sagte: „Mama, das ist gut, das musst du veröffentlichen!" Meine Eltern hätten sicherlich gesagt: „Das liest doch sowieso kein Mensch. Mach lieber was Vernünftiges."

Seine Möglichkeiten ausreizen und dabei auch mal Grenzen überschreiten

Jeder kennt wohl den amerikanischen Traum: Vom Tellerwäscher zum Millionär!

Nun lebt aber nicht jeder in Amerika – und je nach Land sind die Möglichkeiten unterschiedlich. Die Frage ist: Was kannst du innerhalb deiner eigenen Grenzen tun – und hast du vielleicht sogar den Mut, diese zu überschreiten?

Denn es gehört immer Mut dazu, etwas anderes zu tun als die Masse. Zu experimentieren und eigene Wege auszubauen kostet aber auch ein gewisses Maß an Selbstvertrauen und Überwindung. Denn da sind ja immer noch die anderen, die einen beobachten und vielleicht sogar kritisieren. Man sollte sich zumindest soweit von seinen Zeitgenossen distanzieren, dass man in sich horchen und die Frage stellen kann: Was will ICH eigentlich?!

Da kommt mir mein Schwiegervater in den Sinn, Jüngster einer kinderreichen Familie in einem kleinen Dorf in der Westtürkei. Als Vierjähriger trug er den älteren Brüdern brav die Taschen zur Schule. Der Lehrer wurde auf ihn aufmerksam und gestattete dem eigentlich noch viel zu kleinen Jungen schließlich die Teilnahme am Unterricht. Von allen Geschwistern zeigte ausgerechnet er das größte Interesse am Lehrstoff. Später besuchte er eine Mittelschule in Izmir. Im Alter von 13 Jahren meldete er sich dann heimlich auf dem Militärgymnasium im 560 Kilometer entfernten Konya an. Seine Überlegung war folgende: Wie kann ich ohne großen finanziellen Aufwand an eine Ausbildung mit Aufstiegschancen kommen? Als er dort angenommen wurde, war das für seine ahnungslosen Eltern natürlich eine echte Überraschung. Vielleicht war Berufssoldat nicht unbedingt sein Traumberuf, aber er schaffte es im Laufe der Jahre bis zum Oberst und sicherte sich, seiner Frau und den drei Kindern ein Leben in gewissem Wohlstand. Er hat also seine Möglichkeiten damals voll ausgereizt und dabei ganz klar eine Grenze überschritten.

Heute ist es als Europäer/in leichter als je zuvor, Staatsgrenzen innerhalb der EU zu überschreiten. Meine jüngere Tochter kostet diese Möglichkeiten gerade mit wachsender Begeisterung aus. Zahlreiche Firmen suchen händeringend mehrsprachige Mitarbeiter/innen und bieten je nach Land oftmals sehr attraktive Konditionen. Inzwischen kann man viele Arbeiten von zu Hause aus am PC oder Laptop erledigen, sodass das Land, von dem aus man agiert, je nach Branche, eine teilweise nur noch untergeordnete Rolle spielt. Auch für jemanden, der sich selbstständig machen möchte, lohnt es sich, die Möglichkeiten, Vor- und Nachteile im Ausland auszuloten und somit evtl. eine reale Grenze zu überschreiten.

Marktlücken, Geistesblitze und kreative Ideen

Als ich mit meinem Freund mal wieder beim Griechen saß und wir uns genüsslich über unsere Korfu-Teller hermachten, hatte der plötzlich einen Geistesblitz:

„Weißt du, was mir gerade in den Sinn kommt? Hier in Deutschland gibt es doch jede Menge griechische Restaurants. Aber sicherlich gibt es keine deutschen Restaurants in Griechenland. Das ist doch mal eine echte Marktlücke!"

Ich überlegte, zum damaligen Zeitpunkt – wir schrieben das Jahr 1985 – hatte er mit seiner Vermutung bestimmt Recht.

Wir spannen den Faden weiter - und aus dem Geistesblitz heraus eröffnete sich eine interessante Möglichkeit, die es auszudiskutieren galt.

„Wie wäre es, wenn du und ich gemeinsam so etwas versuchen würden?", fragte er und sah mich begeistert an. Es wurde ein langes Gespräch, und seine Euphorie sprang schließlich auch auf mich über.

Wäre und würden. Heute denke ich, es lag von Anfang an zu viel Wenn und Aber in dieser Idee, die natürlich ohne ein gewisses Startkapital ohnehin nicht zu verwirklichen war. Das deutsche Restaurant in Griechenland blieb folglich leider ein unerfüllter Traum. Wir, als gern gesehene Gäste, verließen das griechische erst, nachdem sich alle anderen schon verkrümelt hatten, das Personal größtenteils verschwunden war und die griechische plötzlich in türkische Musik überging. Auf meine erstaunte Frage hin stellte sich heraus, dass das griechische Restaurant fest in türkischen Händen war.

Heikos schöner Geistesblitz wurde von uns also nie in die Tat umgesetzt.

Wahrscheinlich sind aber inzwischen auch andere Leute auf die Idee gekommen, den Griechen im schönen Hellas die deutsche Speisekarte sowie unsere Esskultur näher zu bringen, zumal ja auch zunehmend mehr deutsche Urlauber Land und Leute mit ihrer Anwesenheit beglücken.

In der Türkei gibt es in einigen Städten und Urlaubsgebieten sogar deutsche Bäcker und Schlachter. In Alaçatı stießen wir eines Tages zufällig auf das „Bistro Hannover", das es heute aber nicht mehr gibt. Die Besitzer: Ein Deutscher aus dem Kreis Hannover und seine türkische Ehefrau. Das war lustig, da ich ja auch aus Hannover stamme. Zu den Spezialitäten im Bistro gehörte übrigens eine deftige und sehr köstliche Gulaschsuppe.

Wenn man eine Marktlücke findet oder eine besonders kreative Idee entwickelt, dann hat man fast schon gewonnen. Natürlich muss das Ganze dann auch umgesetzt werden.

So las ich vor Jahren einmal etwas über eine Afrikanerin, die die Idee hatte, Kleiderstoffe in traditionellen Farben und landestypischen Mustern zu entwerfen. Leider habe ich ihren Namen vergessen, aber sie hatte großen Erfolg mit diesem für Europäer völlig neuartigen Design. Sie schaffte es damit nicht nur, die warmen, leuchtenden und doch so erdigen Farben Afrikas in die Welt zu tragen, sondern auch eine Brücke zwischen Tradition und Moderne herzustellen und gewissermaßen auch zwischen den Völkern.

Es braucht einiges an Fantasie und Mut um neue Ideen zu entwickeln und diese dann auch noch an den Mann oder die Frau zu bringen. Doch nach wie vor gehört die Welt den Mutigen. Und wenn auch eine Idee auf den ersten Blick noch so verrückt oder gewagt erscheinen mag – es wird immer Menschen geben, die sich davon angesprochen fühlen. Also raus damit! Wer nichts wagt bleibt genau dort, wo er jetzt ist. Wir sind hier um zu lernen und uns weiter zu entwickeln und nicht, um nach Befehl zu marschieren und in der Masse unterzugehen.

Informationsquelle Internet

Das Thema Internet hatte ich ja vorher schon kurz gestreift. Zu meiner Jugendzeit kaum ein Thema - wer hatte schon einen Computer zu Hause? - ist es heute gar nicht mehr aus dem täglichen Leben wegzudenken.

Ich nutze die sozialen Medien nicht nur privat, sondern auch um meine Bücher bekannt zu machen. E-Books gäbe es beispielsweise gar nicht ohne Internet, und selbst Printbücher werden inzwischen meist online in Auftrag gegeben und bestellt. Doch noch immer stöbere ich von Herzen gern in den guten alten Buchläden und hoffe, dass diese nicht eines Tages völlig von der Bildfläche verschwinden, denn damit ginge wieder einmal ein wichtiges Stück Kulturgut verloren. Auch Kleidung muss ich fühlen und anprobieren, bevor ich sie kaufe. In jeder fremden Stadt, die ich besuche, freue ich mich auf einen Bummel durch die Gassen und das Erkunden landestypischer Läden. Das ist für mich Tradition, ebenso wie der Besuch eines gediegenen Cafés oder Restaurants.

Dennoch kann ich die neue Zeit mit ihrer Technologie nicht aufhalten, die ja auch viel Gutes mit sich bringt. Wie sonst könnte ich meine Bücher von der Türkei aus in Deutschland vertreiben?

Gerade für Selbstständige ist das Internet eine attraktive Möglichkeit, ihre Produkte oder Dienstleistungen zu vermarkten. Künstler bieten ihre Ware beispielsweise auf Etsy an, Autoren nutzen Onlineportale wie Amazon, BoD, Thalia und Weltbild. Kurse und Beratungen laufen vermehrt online und erreichen so auch Leute, die in größerer Entfernung wohnen und ansonsten weite Wege auf sich nehmen müssten.

Wer sein Talent bisher noch nicht kennt, bringt es vielleicht durch das Stöbern im Internet ans Licht, oder wird sich dort zumindest seiner wirklichen Interessen bewusst.

Neulich schrieb mich ein ehemaliger Nachhilfeschüler über den Messenger an. Er entwickelt heute Computerspiele und hat bereits in Australien, der Türkei und Deutschland gearbeitet. Eine großartige Sache! Durch das Internet ist die Welt klein geworden. Alles scheint näher zusammen zu rücken, und immer mehr Möglichkeiten tun sich auf. So manch eine Idee entstand durch das Durchforsten der Seiten bei Google. Dort wimmelt es von Informationen, sobald man nur ein Stichwort eingibt. Natürlich muss man aufpassen! Auch hier gilt: Nicht jedes Angebot ist seriös, und nicht alles, was man liest, entspricht auch der Wahrheit. Sehr interessant und teilweise hilfreich finde ich übrigens die Erfahrungsberichte von Leuten, die dieses oder jenes bereits ausprobiert haben und ihre Erlebnisse freimütig mit anderen teilen. Bei Facebook gibt es Gruppen jeder Art, in denen man gemeinsame Interessen vertiefen und sich so manch einen wertvollen Tipp holen kann.

Egal welche Idee oder welches Talent der Einzelne auch hat, hier wird er garantiert fündig und bekommt Aufschluss, wie er eine Sache angehen und vertiefen kann – es sei denn, er hat wirklich etwas völlig Neues im Sinn – und selbst dann lohnt sich ein Austausch mit Gleichgesinnten.

Noch ein wichtiger Vorteil: Per Internet geht alles schneller, egal ob es um eine Jobsuche, einen Termin, eine Information oder eine Überweisung geht. Das spart kostbare Zeit, die man wiederum in andere Tätigkeiten investieren kann.

Flexibilität ist gefragt

Die Zeiten, in denen man einmal seinen Beruf bzw. seinen Arbeitsplatz wählte und sich damit bis zur Rente sicher fühlte, sind vorbei. Heutzutage ist in vielen Bereichen Flexibilität gefragt. Das beinhaltet auch ein ständiges Hinzulernen, ganz nach dem Motto: Stillstand bedeutet geistiger und wirtschaftlicher Tod.

Der Arbeitsmarkt bietet inzwischen attraktive Möglichkeiten, seine Talente auch unabhängig vom Wohnort einzusetzen. Ein Wechsel des Arbeitsplatzes sowie Weiterbildung in Eigeninitiative sind nichts Außergewöhnliches mehr. Wir leben in einer Welt, die völlig neue Anforderungen stellt aber auch bisher nie dagewesene Perspektiven bietet. Meine Mutter, inzwischen 89 Jahre alt, ist noch heute der Meinung, dass sich ein Arbeitsplatzwechsel nachteilig auf die zukünftige Rente auswirken könnte. Aber es hat sich eben vieles verändert. Wer nicht mit der Zeit geht, bleibt im wahrsten Sinne des Wortes auf der Strecke. Abkommen innerhalb der EU machen es dem Arbeitnehmer oft leichter, nicht nur den Arbeitsplatz sondern sogar das Land zu wechseln, da man inzwischen Arbeitszeiten aus unterschiedlichen Staaten auf die Renten anrechnen lassen kann. Nicht nur junge Leute nutzen das, wie mir meine Tochter begeistert erzählte. Bei ihrer Tätigkeit in Prag traf sie auf eine über 60 jährige Deutsche, die dort für eine Firma mit deutschem Kundenstamm tätig war. Es werden immer Mitarbeiter mit guten Deutschkenntnissen in Tschechien gesucht, meinte sie, wobei oftmals nicht mal eine bestimmte Ausbildung Voraussetzung ist. Probieren geht über Studieren, könnte man wieder einmal sagen. Auch Irland bietet attraktive Perspektiven, zumal die Löhne dort recht hoch sind. Dublin scheint momentan ein regelrechter Magnet für jüngere Auswanderer zu sein.

Wer nicht auf eine bestimmte Tätigkeit und einen Ort oder ein Land fixiert ist, hat also heutzutage fast grenzenlose Möglichkeiten, sein Potenzial zu nutzen, zumindest als EU-Bürger.

Menschen aus Ländern, die für jeden Auslandsaufenthalt ein Visum benötigen, haben es dagegen wesentlich schwerer. In diesem Fall ist oftmals der erlernte Beruf der einzige Schlüssel, woanders Fuß zu fassen.

Die Sache mit dem Selbstvertrauen

Wenn einem Kind immer wieder gesagt wird: „Das kannst du sowieso nicht!", dann kann es das auch, wenn es drauf ankommt, wirklich nicht. Und zwar nicht, weil es die Fähigkeit nicht besitzt, sondern weil es ihm ganz einfach an Selbstvertrauen mangelt. Nicht mal die eigenen Eltern oder Geschwistern trauen es ihm zu, wie soll es sich dann noch selbst vertrauen?

In der Schule wusste ich die Antworten oft, traute mich aber nicht, mich zu melden. Vielleicht war es ja doch falsch? Irgendwo im Laufe meiner frühen Kindheit war mein Selbstbewusstsein auf der Strecke geblieben – und es kostete mich einiges an Kraft und Selbstüberwindung, dieses wiederherzustellen. Meine Eltern erzogen autoritär, es gab zu Hause keinerlei Diskussionen, und eine andere Meinung wurde sofort als Widerwort eingestuft. „Solange du die Füße unter unseren Tisch steckst, machst du, was wir dir sagen!", hieß es oft.

Die meisten meiner Mitschüler genossen eine bereits gelockerte antiautoritäre Erziehung wesentlich jüngerer Eltern und hatten zu Hause volles Mitspracherecht. In der Schule verlangte man von uns etwas, was ich daheim nicht durfte: diskutieren. Folglich brachte ich mich gar nicht oder nur zaghaft ein. Später als ich es endlich beherrschte, eckte ich damit dann auch prompt zu Hause an.

Dennoch half mir das Gymnasium vor allem in den letzten Jahren, in denen es keinen festen Klassenverband mehr gab sondern ein lockeres Kurssystem, in dem man selber seine Schwerpunkte setzen konnte, auf die Sprünge. Hier konnte ich zum ersten Mal in meinem Leben etwas selbst entscheiden, nämlich welche Fächer ich wählen wollte und welche nicht. Kunst statt Musik, Biologie statt Physik, Volleyball und Leichtathletik statt Geräteturnen und natürlich Englisch! Ich war in meinem Element. Schade, dass das nicht schon früher möglich gewesen war. Es hätte mir und anderen einige dunkle Stunden erspart. Überhaupt wird meiner Meinung nach viel zu wenig auf die Fähigkeiten und Interessen der Schüler eingegangen. So manch einer könnte viel mehr leisten, wenn man schon Kindern ein gewisses Maß an Individualität zusprechen würde. Dabei fallen mir immer wieder Beispiele aus der Tierwelt ein. Ein Elefant kann nun einmal nicht turnen wie ein Affe und ein Schmetterling nicht schwimmen. Eine Giraffe kommt durch ihren langen Hals an die Blätter hoch oben im Baum, doch wie soll ein Igel das bewerkstelligen?

Ein starres System würde nun aber den Igel zwingen, die Blätter oben am Baum zu pflücken und als unfähig einstufen, wenn es ihm nicht gelingt. Kinder sind einzigartig und sollten nicht für das bestraft werden, was sie nicht können, sondern für das belohnt, was sie gut machen.

Doch kommen wir zum Selbstvertrauen zurück!

Was ich zu wenig hatte, davon besaß meine beste Freundin reichlich. Ihr Ziel war es Lehrerin zu werden, eigentlich schon solange ich zurückdenken kann. Und darin wurde sie von Zuhause aus bestärkt. Die Schule war ihr ein und alles, sie schrieb stets gute Noten in allen Fächern, ohne pauken zu müssen wie andere. Während wir am letzten Schultag alle jubelten, weil die heiß ersehnten Ferien endlich begannen, saß sie plötzlich still in ihrer Ecke und verdrückte heimlich ein paar Tränen, denn nun würde sie ein paar Wochen nicht hierher kommen können.

Durch familiäre Umstände war sie nach dem Abitur leider gezwungen, von ihren ursprünglichen Plänen Abstand zu nehmen und statt des Studiums solvierte sie zunächst eine Banklehre ab. Erst viel später, als ihre drei Kinder bereits erwachsen waren, holte sie das Studium „Lehramt für Musik und Mathematik" nach und unterrichtet noch heute Halbwüchsige an einer Schule. Sie hat ihr Ziel all die Jahre nie aus den Augen verloren und ihren Traum letztendlich doch noch verwirklicht.

Ich denke, es gibt für alles im Leben den richtigen Zeitpunkt. Manchmal muss man die nötige Geduld aufbringen, ohne gleich das Handtuch zu werfen.

Hobby, Beruf und Berufung

Wir alle haben schon einmal von dem kleinen Mädchen gehört, das sich so gern verkleidete und in andere Rollen schlüpfte. Wen wunderte es, als aus ihm später eine Schauspielerin wurde? Jahrelang hatte es die verschiedenen Szenen vor dem Spiegel geübt und letztendlich auch vor Publikum, das zunächst aus anderen Kindern bestand. Und bei Schulaufführungen bekam es stets die Hauptrolle. „Das ist aber ein sehr talentiertes Kind", bekamen die Eltern oft zu hören. Tatsächlich zeichnet sich ein Talent oder eine Begabung meist schon in frühen Jahren ab. Dieses Talent sollte man dann auch fördern, statt es herab zu degradieren und vielleicht damit schon im Keim zu ersticken.

Das kleine Mädel, das schon mit vier Jahren behauptete: „Ich werde einmal Sängerin!", erfreute sich der vollen Unterstützung ihres Vaters. Ungeachtet der Wetterlage und der Laune anderer Menschen schmetterte es seine Lieder in die Welt und sorgte dabei tatsächlich für eine heitere Stimmung, wie eine Sonne, die die Wolken durchbricht. Diese Sängerin steht übrigens, trotz vieler erlebter Widrigkeiten, noch heute mit 65 Jahren erfolgreich auf der hart erkämpften Bühne.

Bei meinem Onkel, ältestes Kind und einzigem Junge in der Familie, war von Anfang an klar, dass er eine richtige Ausbildung erhalten würde, denn er musste ja später einmal die Familie ernähren. Die beiden jüngeren Schwestern konnte man stattdessen ganz gut als Dienstmägde verpflichten. So kam sogar noch Geld in die Kasse. Besagter Onkel war sehr musikalisch, und natürlich wurde alles getan, damit sich sein Wunsch Musiker zu werden auch erfüllte. Er bekam ein Cello und eine Posaune und privaten Musikunterricht. Das war Anfang der 40er. In den 50ern spielte er dann bereits als Berufsmusiker im Staatsorchester der DDR. Er hatte sein Talent mit Hilfe seiner Familie nutzen dürfen und sein Hobby damit zum Beruf gemacht.

Ein musikalisch talentierter Freund von mir wurde Musiklehrer und gab Privatstunden, ein anderer spielte jahrelang in einer Band.

Eine Stieftochter meines Cousins interessierte sich schon als Kind für Klempnerarbeiten und kümmerte sich hingebungsvoll um die verstopften Rohre im Haus. Kurz, wo immer es etwas zu reparieren gab, war sie mit Feuer und Flamme dabei. Das handwerklich begabte Mädel machte später dann tatsächlich eine Schlosserlehre bei einem bekannten Autofabrikanten.

Und was ist aus dem kleinen Jungen geworden, der einst in seinem Kinderzimmer eifrig ein ganzes Dorf aus Lego baute? Richtig: Ein Architekt.

Aber das sind natürlich die Idealfälle. Nicht jeder hat die Möglichkeit, sein Hobby zum Beruf zu machen. Bei meinem Vater fehlten damals das nötige Kleingeld sowie die Unterstützung seiner Familie, die ja zur entsprechenden Zeit schon nicht mehr greifbar war. Die Familie spielt von Anfang an eine wesentliche Rolle. Sie kann das Kind unterstützen, indem es lobt, sich aktiv einbringt und Vorschläge macht, ohne die Kreativität dabei einzuschränken. Dadurch fühlt sich das Kind bestärkt und ernst genommen, was ihm wiederum die nötige Sicherheit verschafft, sein Werk fortzusetzen.

Ich erinnere mich, dass ich immer gerne Legosteine gehabt hätte, sie jedoch nie bekam, da das ja nur etwas für Jungen ist – so die Meinung meiner Eltern. Stattdessen bekam ich Puppen, mit denen ich nicht viel anzufangen wusste. Da ich schon immer kreativ veranlagt war, malte ich ihnen fantasievolle Bärte ins Gesicht.

Für manche Glückliche ist der Beruf im wahrsten Sinne des Wortes eine Berufung. Wir finden etliche Beispiele, vor allem im sozialen und medizinischen Bereich. Ich bewundere jene Menschen, die sich aufopfernd und noch dazu für einen mickrigen Lohn in der Kranken- und Altenpflege engagieren. Wir brauchen euch!

Die ersten sieben Jahre meines Lebens verbrachte ich in einem Dorf in Niedersachsen. Ich liebe noch heute die Natur, den Wald und Tiere jeder Art. Irgendwann in diesen Jahren entstand in mir der Wunsch, Tierärztin zu werden, um diesen lieben und mir so vertrauten Wesen helfen zu können. Doch schon bald verwarf ich diesen Plan wieder, denn Arztpraxen und Kliniken, mit denen ich schon als Kind ausreichend Bekanntschaft machte, lösen in mir stets ein Gefühl von Unbehagen aus. Zudem hätte ich auch Tiere einschläfern müssen, und ich weiß nicht, wie ich das verkraftet hätte.

Was ich damit sagen will: Liebe Eltern, bitte nehmt die Talente eurer Kinder als etwas Wertvolles wahr, das gefördert werden sollte. Vielleicht wird daraus kein Beruf, aber stattdessen ein schönes Hobby, das gepflegt werden will und das eine Bereicherung für den Alltag darstellt.

Lieber Mensch, der du das jetzt liest, es ist nie zu spät, das zu tun, was dir Freude bringt. Wenn du gerne reist, fotografierst, malst, singst oder tanzt, dann tu es! Das hier ist DEIN Leben und nicht das deiner Eltern, Kinder, Ehepartner, Freunde oder Nachbarn.

Neue Wege gehen und eigene Spuren hinterlassen

Es ist einfach, der Masse zu folgen und auf ausgetretenen Pfaden zu gehen. Aber ist es das, was du wirklich willst? Oder möchtest du einen ganz eigenen individuellen Weg gehen? Dazu gehören Mut, Ausdauer und Vertrauen in dich selbst. Manchmal muss man den schwierigen Weg statt des leichten wählen, um sich selbst zu finden. Ich denke, dass jeder von uns eine ganz bestimmte Aufgabe hat, die seinen persönlichen Fähigkeiten entspricht. Nicht immer offenbart sich diese sofort, manch einer benötigt Jahrzehnte, doch das ist gar nicht ausschlaggebend. Wir lernen auf unserem Weg unsere Lektionen, später werden wir es Erfahrungen nennen. Menschen und auch Tiere treten in unser Leben, manche begleiten uns nur eine kurze Zeit, andere viel länger, doch alle haben sie irgendeine Bedeutung für uns. Es gibt eine schöne Geschichte, in der das Leben mit einer Zugfahrt verglichen wird. Während der Fahrt steigen immer wieder Leute zu oder aus. Einige begleiten uns nur eine kurze Strecke und wenige bis ans Ende unserer Reise. Auf manche von ihnen würden wir gerne verzichten, andere haben wir viel zu kurze Zeit an unserer Seite. Und doch sind sie alle wichtig für unser geistiges Wachstum. Ohne sie wären wir nicht die, die wir heute sind. Manchmal gehören auch schlechte Erlebnisse und Erfahrungen dazu. Warum das so sein muss, verstehen wir oftmals erst im Nachhinein. Im idealen Fall finden wir auf unserer Reise sogar unseren Seelenpartner, der den Weg mit uns gemeinsam geht. Oftmals warten wir vergeblich auf das Ziel, dann ist der Weg selbst das Ziel.

Die wahre Kunst des Lebens besteht darin, auch den Weg zu genießen und aus allem das Beste zu machen.

So wie die liebevolle Mutter, die Altenpflegerin, die Lehrerin, der Rettungsschwimmer, der Feuerwehrmann oder der Pilot, der das Flugzeug mit seinen Passagieren sicher landet und und und …

Der Autor, Komponist oder Kunstmaler wird immer wieder ein neues Werk beginnen, das er zu vollenden trachtet. Auch die Forschung geht immer weiter, denn Stillstand käme dem geistigen Tod gleich. In dem Moment, wo wir nichts mehr ersehnen und innerlich nicht mehr wachsen wollen, vertrocknen wir wie eine Pflanze, die kein Wasser mehr aufnimmt. Wir wären zwar noch existent, doch ohne wirkliches Leben, wie eine leere Hülle.

Nun ist natürlich nicht jeder ein großer Erfinder, der die Menschheit mit neuen Errungenschaften beglückt, doch das muss auch nicht sein. Man kann für sich selbst neue Wege finden, indem man nicht jeden Trott mitmacht. Es gab da mal jemanden, der einen Fisch aus Draht am Strand aufstellte - und siehe da, er füllte sich fortan mit Plastikflaschen, die vorher rücksichtslos in den Sand, die Büsche oder das Meer geworfen wurden.

Wir hinterlassen Spuren bei unseren Mitmenschen oder Tieren, indem wir sie wertschätzen und ihnen helfen. Wir hinterlassen Spuren, indem wir Bäume pflanzen und unsere Kinder anhalten, die Natur zu achten. Es gibt unzählige Möglichkeiten.

Dein Leben hat den Sinn, den DU ihm gibst

Viele Menschen fragen nach dem Sinn des Lebens. Warum sind wir auf dieser Welt, wenn wir eines Tages ja doch wieder gehen müssen? Wozu also dieser ganze Aufwand? Oftmals höre ich auch den Spruch: Geld macht nicht glücklich, und wir können es nicht mitnehmen, wenn wir einmal sterben!

Fazit: Wozu schaffen wir etwas, wenn es nach unserem Tod ohnehin hier zurückbleibt?

Vorsicht! Das ist genau die falsche Einstellung!

Jeder Mensch, jedes Tier hat seine bestimmten individuellen Aufgaben auf dieser Erde. Du selbst wirst deine Aufgabe früher oder später erkennen, wenn du es nur zulässt.

Vielleicht macht Geld nicht jeden glücklich, aber zumindest macht es satt. Und es macht keinesfalls unglücklich. Wir sollten es ganz einfach als gültiges Zahlungsmittel anerkennen und eine positive Einstellung dazu aufbauen. Ein Mensch, der jeden Cent umdrehen muss, bevor er ihn ausgibt, wird niemals behaupten, dass Geld nicht glücklich macht, denn für ihn ist es schlichtweg die Lösung seiner Probleme. Noch immer hängen in vielen Ländern dieser Erde Gesundheit und Bildung von der Größe des Geldbeutels ab. Kurz gesagt: Die Reichen können sich die beste ärztliche Versorgung und die besten Schulen leisten.

Es wäre eine Illusion, zu glauben, dass sich dies eines Tages ändern wird, wenn auch eine sehr schöne.

Die Wirtschaft zeigt, dass Zahlungsmittel im Umlauf sein müssen, um etwas zu bewirken. Das bedeutet, man darf ruhig etwas riskieren, sein Geld für sinnvoll erscheinende Investitionen ausgeben, sich mal einen Herzenswunsch erfüllen oder auch jemanden beschenken. Was von Herzen gegeben wird, findet seinen Weg irgendwann zurück zu uns, das ist ein altes kosmisches Gesetz.

Doch Vorsicht: Auch Negatives kehrt zurück! Egal, ob es sich um Taten, Worte oder Gedanken handelt. Alles, was wir aussenden, sind Schwingungen, die man in Laboren sogar nachweisen und messen kann. Am Anfang steht der Gedanke, seine Macht sollte man nie unterschätzen. Aus ihm entsteht das Wort, dem dann oft auch die Tat folgt.

Jedes Werk, jede Erfindung, jeder Plan nimmt zuerst in unserem Kopf Gestalt an, bevor wir es, sie oder ihn umsetzen. Gedankenkraft schafft Realität. Wissenschaftler haben festgestellt, dass positive Gedanken anders schwingen als negative. Dieses wurde unter anderem in Versuchen mit Wasser und Pflanzen getestet. Das Ergebnis ist verblüffend. Das Wasser, das mit positiver Gedankenkraft gespeist wurde, wies eine andere Struktur auf als jenes, das negativ beeinflusst wurde. Topfpflanzen reagierten auf liebevolle Worte und klassische Musik, indem sie ein starkes und gesundes Wachstum zeigten. Pflanzen, die man Verachtung, Hassgefühlen oder aggressiver Musik aussetze, verkümmerten hingegen.

Wieviel stärker reagiert ein Kind wohl auf Zuneigung oder Ablehnung seiner Eltern und Umwelt.

Negative Gedanken in positive umwandeln

Es ist nie zu spät, negative Gedanken in positive umzuwandeln. Dazu muss man natürlich Vergangenes abhaken und Frieden mit sich selbst schließen, was nicht immer einfach ist. Sei geduldig, gib dir die Zeit, die du dazu benötigst. Gehe alles in Ruhe an. Du wirst sehen, es fühlt sich gut an, sich von allem Negativen zu befreien.

Viele Menschen sind davon überzeugt, dass das Universum keine Negationen versteht, da sie ihm fremd sind.

Formuliere Gedanken und Wünsche also lieber positiv, vermeide Wörter wie NEIN, NIE, NICHT und KEIN.

Folglich wird aus „Ich möchte nicht krank sein" „Ich bin gesund".

Probiere es einfach mal aus!

Wünsche und Ziele sollte man auch nicht in die ferne Zukunft verschieben.

Aus „Ich werde Erfolg haben" wird folglich „Ich habe Erfolg".

Wenn du also ein Ziel hast, dann sei in Gedanken bereits dort, visualisiere es. Stell es dir bildlich vor, fühle es, rieche es, schmecke es. Du bist bereits angekommen.

Affirmationen sind ebenfalls eine gute Methode, um Veränderungen erfolgreich herbeizuführen. Sie helfen dir dabei, deine Wünsche Realität werden zu lassen. Man kann zum Beispiel jenen Satz. „Ich habe Erfolg" nach dem Aufstehen und vor dem Schlafengehen mehrmals laut aussprechen oder auch nur denken. Hier kommt es auf die Regelmäßigkeit an, damit ein positives Selbstbild manifestiert wird. Besonders effektiv ist es, diese Übung vor dem Spiegel durchzuführen.

Über deine angestrebten Wünsche und Ziele entscheidest letztendlich du allein. Es ist in Ordnung, sich auszutauschen und auch mal einen Rat einzuholen. Nicht in Ordnung ist es, den Traum eines anderen zu leben oder sich alles dermaßen mies machen zu lassen, dass man aufgibt, weil andere es so wollen und ihnen dein Weltbild nicht in den Kram passt.

Manchmal ist es Neid, weil besagte Personen selbst eingeschränkt sind, manchmal auch nur Unverständnis oder versuchte Machtausübung. Gerade Menschen, die mit ihrem Leben nicht zufrieden sind, haben Freude daran, andere zu gängeln. Wenn du dein Leben mal mit einem Film vergleichst, vergiss nie, dass du die Hauptrolle darin spielst. Gib die Regie nicht aus der Hand. Lass dir deinen Traum nicht zerstören!

Seine Kreativität ausleben

Meine Mutter wuchs zu Kriegszeiten in einem kleinen Dorf auf. Mein Großvater brachte eines Tages einen Mann mit nach Hause, der in dem gemeinsamen Schlafzimmer eine durch eine Holzwand abgetrennte Ecke bezog und gegen Kost und Logis Ausbesserungsarbeiten in der gemieteten Wohnung verrichtete. Im Krieg und vor allem während der Nachkriegszeit rückte man zwangsweise zusammen und nahm auch Flüchtlinge auf. Besagter Mann hatte ein stark verkürztes Bein und heiratete später die Schwester meiner Großmutter. Onkel Karl war handwerklich unglaublich geschickt und baute später sein eigenes Haus sowie das seines älteren Sohnes in Eigenregie. Er fertigte auch Stühle aus Holz und andere nützliche Gegenstände an. Den Erzählungen nach gab es kaum etwas, was er nicht konnte. Als ich ihn kennen lernte, war er allerdings schon im Ruhestand. Er hat sein Potenzial ganz privat genutzt und dadurch jede Menge Geld gespart, abgesehen davon, dass er etwas erschaffen hat, das voll und ganz seinem Geschmack entsprach.

Man liest immer wieder von Menschen, die Häuser aus Lehm, Naturmaterialien oder Sperrmüll bauen oder solche, die den Bauten der Hobbits nachempfunden wurden. Es ist sozusagen ein neuer Trend, der alte Techniken zurückbringt. Heutzutage muss man natürlich erst einmal die erforderlichen Baugenehmigungen einholen, sonst kann das böse mit einer Abrissanordnung enden.

Wieder steht am Anfang die Idee, die dann umgesetzt wird. Auch bei der inneren Gestaltung einer Wohnung oder eines Hauses kann man seine Kreativität ausleben. Wichtig ist, dass man sich bei dem, was man tut oder erschafft, wohl fühlt.

Ich erinnere mich an ein traumhaft schönes Deckengemälde im Behandlungsraum meines Zahnarztes. Es befand sich direkt über dem Behandlungsstuhl, auf dem ich geduldig wartete, und hatte eine dermaßen beruhigende Wirkung auf mich, dass ich kurz einschlief. Das ist kein Witz. Deckengemälde haben mich von je her fasziniert. Der

Maler hatte mit dem blauen Himmel und den zarten Wolkengebilden ganze Arbeit geleistet und mich in eine andere Welt fernab von Bohrer und Spritze versetzt. Es ist die Seele des Künstlers, die aus seinen Werken spricht – egal ob es sich um einen Gegenstand, ein Gebäude, ein Bild, ein Buch oder ein Musikstück handelt. Doch nur wer mit dem ganzen Herzen dabei ist und seine Seele hineinlegt, kann auch anderen diesen Zauber vermitteln.

Die Tempel der Antike, die Kathedralen des Mittelalters, die viktorianischen Häuser, die Bauten des Jugendstils, Werke von Gaudi und Hundertwasser erfüllen mich immer wieder mit Ehrfurcht. Bei manchen modernen Bauten hingegen suche ich die Seele des Architekten vergeblich.

Jener trostlose Plattenbaustil, der keinerlei Platz für Individualität lässt, vermittelt höchstens Niedergeschlagenheit - ebenso wie die Betonbauten in den Randgebieten vieler Städte.

Ich bin froh, in einem kleinen Reihenhaus zu wohnen, das mir mit seinem winzigen Garten Platz für Kreativität lässt. Wenn du den sogenannten grünen Daumen hast, dann genügen auch ein Balkon oder Töpfe mit Zimmerpflanzen, um dein Heim angenehmer zu gestalten. Ein kleiner Zimmerbrunnen oder eine gemütliche Wohlfühlecke zum Abschalten und Entspannen können ebenfalls Wunder bewirken.

Ich, als ausgesprochene Sonnenanbeterin, habe mir zum Beispiel zur Erinnerung an einen Keniaurlaub mit ein paar Figuren und Bildern an den in Apricot gehaltenen Wänden ein Afrikazimmer eingerichtet, in dem ich mich unbeschreiblich wohl fühle. Und genau auf dieses SICH WOHL FÜHLEN kommt es doch an. Denn letztendlich ist eine Behausung, sei es nun die Einzimmerwohnung oder das große Haus, ja in erster Linie unser Zuhause, in dem wir entspannen und neue Kräfte für die Welt da draußen auftanken.

Die Farben und ihre Wirkung

Farben haben eine ganz bestimmt Wirkung auf unsere Psyche. Stellen wir uns einmal eine Welt in Dunkelgrau vor. Der Himmel, die Straßen und Häuser, auch die Menschen, alles in Grau. Nach einer kurzen Zeit schon wird uns das in eine mehr oder weniger bedrückende Stimmung versetzen.

Jeder von uns hat natürlich seine bevorzugten Farben, die ihm meist auch recht gut zu Gesicht stehen. Hier muss man jedoch unterscheiden, welche Farbe für welchen Zweck eingesetzt werden soll. Eine rote Bluse mag uns frischer aussehen lassen, aber wie ist es mit einem Zimmer, das man komplett rot streicht?

Hier nun die Farben und ihre Wirkung auf uns:

Rot:
Die Farbe Rot steht für Leben, Energie, Dominanz, Erotik, Leidenschaft, Agressivität und Vitalität. (In einem roten Schlafzimmer kann man somit alles erwarten, nur keinen erholsamen Schlaf.) Die Farbe Rot stärkt das Selbstwertgefühl.

Rosa:
Einfühlungsvermögen, Beruhigung, Geborgenheit, Mitleid, Optimismus, Abbau von Agressionen

Orange:
Vertrauen, Harmonie, Vitalität, Freude, Heiterkeit, Motivation, Stärkung des Reaktions- und Lernvermögens

Gelb:
Sonne, Licht, Wachstum, Neid, Ehrgeiz, Intelligenz, Stärkung des Nervensystems und der Konzentration (Die Farbe Gelb lässt übrigens kleine Räume größer erscheinen.)

Grün:
Hoffnung, Zufriedenheit, Natur, Regeneration, Wachstum, Kreativität, Ausgewogenheit, Freiheit und Harmonie

Blau:
Frieden, Vertauen, Sicherheit, Schutz, Geduld, Intuition, Kühle und Einsamkeit (Die Farbe Blau soll helfen, Ängste abzubauen und einen ruhigen Schlaf zu unterstützen.)

Türkis
Ausgeglichenheit, Spiritualität, emotionaler Ausgleich, Heilung, Klarheit

Violet:
Heilung, Frieden, Regeneration, Ausgleich, Individualismus und Spiritualität

Weiß:
Reinheit, Klarheit, Entschlossenheit, Vollkommenheit und Heilung

Dunkelgrau:
Grenzbereich, Neutralität, Bedrückung

Hell- oder Silbergrau:
Hoffnung und Aufbruch

Braun oder Okker:
Wärme, Beruhigung, Schutz, Sicherheit, Geborgenheit und
Gemütlichkeit

Schwarz:
Unergründlichkeit, Trauer, Würde und Ansehen

Gold:
Macht, Reichtum, Inspiration und Kraft, hilft Ängste abzubauen

Silber:
Reinigung, Harmonie, Selbstständigkeit und Sicherheit

Tipp:
Hab den Mut dazu, die Farben und ihre Wirkung auf dich persönlich
auszuprobieren.

Und wenn uns morgen der Himmel auf den Kopf fällt?

Wie oft schon hatte jemand eine brillante Idee und scheiterte durch eigene Zweifel an der Umsetzung.

Die größte Epidemie der heutigen Zeit ist die Angst. Ja, aber wenn es nun doch nicht klappt, wenn mir zwischendurch das Geld ausgeht, wenn mein Produkt beim Käufer nicht ankommt, wenn mein Buch nicht gelesen wird…

Wenn wenn wenn! Was ist, wenn uns morgen der Himmel auf den Kopf fällt? Das schien übrigens eine Phobie der Gallier zu sein, wenn man dem Autoren der Asterix- und Obelix- Reihe Glauben schenken darf.

Dieser Spruch ist mir bis heute im Gedächtnis geblieben, und ich wende ihn sehr gerne an. Natürlich ist der Himmel bisher noch nie heruntergefallen!

Nun hat man zwei Möglichkeiten: Entweder man wartet voller Angst, dass das eines Tages doch noch geschieht oder man lebt sein Leben weiter wie bisher und vergisst die Einsturzgefahr des Himmels.

Was ich damit sagen will, es gibt immer ein WENN, sprich, ein Risiko. Man kann sagen: Ich lehne die lebensnotwendige OP ab, es könnte ja etwas schief gehen! Ich gehe gar nicht erst in die Prüfung, vielleicht bestehe ich sie ja nicht!

Oder man versucht es einfach. Sei ehrlich: Was hast du zu verlieren? Und was kannst du gewinnen, wenn du es wagst?

Nicht immer ist jemand zur Hand, der einem Mut macht und den Rücken stärkt. Auch hier ist das Internet hilfreich. Beschäftige dich mit Erfolgsgeschichten statt mit denen über Niederlagen. Pessimismus und Angst helfen dir auf deinem Weg kein Stück weiter. Optimismus ist angesagt!

Wo ein Wille ist, ist auch ein Weg – und im Notfall trampeln wir unseren Pfad eben selber.

Es ist ein erhebendes Gefühl, wenn man seine Ideen dann wirklich in die Tat umgesetzt hat, ich spreche da aus eigenen Erfahrungen. Jeder Autor bzw. jede Autorin macht wohl einen Luftsprung, wenn er, sie das erste selbstgeschriebene Buch in der Hand hält.

Manchmal ist es nur eine Kleinigkeit, die Freude bereitet. Eine kleine Hilfeleistung, ein liebes Wort, das Tragen einer Einkaufstasche, ein selbstgestrickter Schal, ein buntes Bild – von Kinderhänden gemalt. Das alles hinterlässt Spuren, wenn auch manchmal nicht sofort sichtbar.

Dinge, die uns selbst bewegen, bewegen auch woanders etwas. Was wir aus dem ganzen Herzen tun, ist niemals vergebens, denn wir wachsen selber daran.

Jeder von uns ist wertvoll und steht nicht aus Zufall an seinem jetzigen Platz. Oftmals geht einem erst Jahre später ein Licht auf, warum dieses und jenes so sein musste, warum wir bestimmten Menschen begegnet sind und sogar, weshalb uns dieser besonders wuchtige Stein in den Weg gelegt wurde. Doch genau deshalb sind wir die, die wir heute sind.

Wenn dir Steine in den Weg gelegt werden kannst du sie umgehen und dadurch vielleicht bessere Wege finden. Du kannst sie aber unter Umständen auch nutzen und etwas Schönes daraus bauen. Manchmal bringt so ein Stein auch eine ganze Lawine zum Rollen.

Hätte ich in den 80ern nicht in der Türkei Urlaub gemacht, statt wie sonst immer in Portugal, wäre mir mein Mann vielleicht nie begegnet und ich wäre nicht nach Izmir gezogen. Wahrscheinlich hätte ich dann auch nicht in jenem Jahr mit einer meiner Töchter Urlaub in Deutschland und den Tagesausflug nach Wernigerode im Harz gemacht. Ich hätte die kleine Koboldfigur wahrscheinlich niemals entdeckt und somit auch keine Nepomuck- Geschichten geschrieben.

Im Laufe der Zeit hat sich mir immer wieder gezeigt, dass die Dinge, die uns widerfahren, irgendwo einen Sinn machen. Die Entscheidung liegt jedoch oftmals bei uns selbst, ob wir sie als Gelegenheit nutzen oder ignorieren und an uns vorbei ziehen lassen.

Zeichnung aus dem Kinderbuch "Nepomucks Abenteuer"

Manchmal ist es nur ein Sprungbrett

Nach unserer Rückkehr in die Türkei war es für meinen Mann mit über 40 damals alles andere als einfach, eine Arbeit zu finden. Schließlich gab uns dann eine Bekannte den Tipp: „Versucht es doch einmal bei der Türkischen Allgemeine! Das ist eine türkische Zeitschrift in deutscher Sprache, und sie haben hier annonciert, dass sie jemanden für ihre Übersetzungen suchen." Freudig wedelte sie mit einem auf Hochglanz gedruckten großformatigen Exemplar vor unserer Nase herum. Mit gemischten Gefühlen betrachtete ich Zeitschrift und das Impressum. „Dann müssten wir aber nach Istanbul. Gerade haben wir uns hier erst eingerichtet, und die Kinder will ich nicht schon wieder aus ihrem Freundeskreis reißen." „Wir können ja mal anrufen", überlegte mein Mann. Unser Gesprächspartner am anderen Ende der Leitung war ein gewisser Mehmet, der Redakteur, der dort alles managte, da der Besitzer der Zeitschrift kein Deutsch konnte. Wir sollten unbedingt nach Istanbul kommen, alles Weitere würde dann dort besprochen werden.

Mal eben nach Istanbul bedeutete für uns acht Stunden Busfahrt in den Norden. Wir waren nun aber doch neugierig geworden – schließlich war mein Mann ja eigentlich Journalist, er hatte in Istanbul studiert, auch wenn er in dieser Branche noch nie gearbeitet hatte. Ich selber liebte es zu schreiben, allerdings eher Kurzgeschichten. Wer weiß, vielleicht ergaben sich ja noch andere Möglichkeiten als nur das sture und eintönige Übersetzen von Texten.

Wir machten mit dem Herrn von der Zeitschrift einen Termin aus, nachdem mein Mann Rücksprache mit einem alten Studienfreund, der in Istanbul eine Firma hat, gehalten hatte. „Ihr seid natürlich unsere Gäste", bot der vielbeschäftigte Mann spontan an.

Der gut ausgestattete Überlandbus brachte uns unserem Ziel entgegen.

In der Morgendämmerung erreichten wir den asiatischen Teil von Istanbul. Gespannt sah ich aus dem Fenster und wurde auch schon enttäuscht. Überall Industrieanlagen! Ich hatte die Stadt von früher und von Bildern ganz anders in Erinnerung.

Als wir über die Bosporus-Brücke fuhren revidierte ich meinen Eindruck. Es war einfach atemberaubend! Das vom blauen Wasser geteilte bergige grüne Land, die Paläste und viktorianisch anmutenden Villen am Meer, diese gigantische Stadt mit ihren Moscheen und Minaretten, die von der Sonne angestrahlt wurde. Ein Märchen aus Tausendundeiner Nacht …

Betrachte immer das Gesamtbild und verfange dich nicht in Einzelheiten, dachte ich.

Nach der Ankunft mussten wir mit öffentlichen Verkehrsmitteln weiter. Zuerst ging es direkt zur Redaktion der Türkischen Allgemeine. Wir hatten einen Termin. Abends würde uns der Freund meines Mannes abholen. Seine Frau führte ebenfalls eine eigene Firma, und die beiden halbwüchsigen Töchter waren mit der Großmutter in den Urlaub gefahren, da ja gerade Schulferien waren. So konnten wir deren Zimmer nutzen.

Mehmet empfing uns gemeinsam mit dem Inhaber der Firma, der nur wenig sagte und uns dann dem Redakteur überließ. Ich besah mir den Mann, der wie ein Wasserfall redete, genauer: Schon etwas älter, intellektueller Typ, fast als Künstler einzuschätzen, Brille – irgendwas störte mich. Ich traute ihm nicht. Ein Schlitzohr, dachte ich. Außer uns gab es nur noch eine Sekretärin, die auch gleich mit Kaffee aufwartete.

Mehmet erklärte uns, was wir zu tun hatten. Er sprach recht gut Deutsch – so wurde das Gespräch zweisprachig geführt. Wir sollten hauptsächlich politische und wirtschaftsbezogene Texte vom Türkischen ins Deutsche übersetzen. Wir begannen auf Probe zu arbeiten. Was der eine von uns nicht übersetzen oder formulieren konnte, gelang dem anderen. Es klappte also. Der Redakteur war sichtlich zufrieden.

„Kommt morgen wieder", sage er. Ich zupfte meinen Mann am Ärmel.

„Da gibt es noch einiges zu besprechen …", sagte der dann zaghaft.

Wir setzten uns wieder. „Wir machen das doch hier nicht umsonst? Ich meine…" „Wir zahlen, sagen wir mal - Tausend Lira monatlich." Herr M. blickte mich an. „An Frau Christine vielleicht." Ich war verwirrt. Offiziell durfte ich gar nicht arbeiten – ich hatte nur eine Aufenthaltsgenehmigung aber keine Arbeitserlaubnis. Ich erklärte ihm das. Also musste das gemeinsam verdiente Geld dann wohl doch an Herrn Hugo gehen.

„Wir wohnen aber in Izmir, wie soll das überhaupt gehen?", hakte mein Mann nach. „Ihr habt doch einen Computer. Für uns ist es egal, von wo aus ihr arbeitet. Meinetwegen auch von China aus! Wichtig ist nur, dass die Übersetzungen pünktlich vor dem Drucktermin hier vorliegen." Der Redakteur lachte meckernd. Das klang nicht schlecht.

„Da ist noch etwas", warf ich mutig ein. „Übersetzen ist ja okay, aber ich würde gerne aktiv mitwirken, selber Artikel verfassen. Gibt es da keine Möglichkeit?"

Der Redakteur überlegte kurz. „Du kannst die Kolumnen übernehmen."

Wow, cool – diese würden zwar unter dem Namen meines Mannes erscheinen, da er ja der offizielle Mitarbeiter war – aber egal. Hauptsache schreiben!

Mit dem Versprechen, am nächsten Tag wieder zu erscheinen, verabschiedeten wir uns. Abends wurde es hier auch im Sommer so kühl, dass wir Bettdecken brauchten. In Izmir benötigen wir im Sommer höchstens ein pike – eine Art Laken.

Am nächsten Tag wurde es dann aber - zumindest für Izmiraner - ungewohnt schwül. In der Redaktion litten alle unter der Hitze. Wir übersetzten wie am Vortag Texte aus der Feder von Mehmet, die zum Teil unglaublich überdreht waren.

„So kann man das aber nicht schreiben", sagte ich leise. „In einem Absatz viermal das Wort *charismatisch*. So ein Schmalz. Wer will das lesen?" Wir strichen drei *charismatisch*, und ich fand den Text trotzdem grottenschlecht.

„Wir haben noch immer keinen Arbeitsvertrag", erinnerte ich meinen Mann, nachdem wir abends das Gebäude verlassen hatten. Schon war mir kühl ohne Jacke. Hier war das Wetter wirklich unberechenbar!

„Wir sind in der Türkei! Da kann ich das nicht fragen. Ist hier nicht üblich. Das ist schon okay!", kam als Antwort. Für mich war es alles andere als okay. Meine Zweifel wuchsen. Noch einen Tag sollten wir arbeiten, am Sonntag wollten uns unsere Freunde dann ein wenig in der Stadt herumführen. Darauf freute ich mich. Spätestens Montag mussten wir zurück, die Kinder waren bis dahin in der Obhut meiner Schwägerin, die auch für sie kochte.

Am Samstagnachmittag lehnte sich der Redakteur in seinen Sessel zurück und seufzte: „Jetzt habe ich keine Lust mehr!" Er warf eine Runde Bier, ich bekam Cola, da ich den Geschmack von Bier verabscheue. Auch die Sekretärin hatte ihre Arbeit niedergelegt, und so verbrachten wir den Rest der Zeit mit entspannenden Gesprächen im brütend heißen Büro, bis wir endlich abgeholt wurden.

„Er ist Alkoholiker – das habe ich sofort erkannt", bemerkte mein Mann draußen.

Endlich war es Sonntag, und nach einem ausgiebigen Frühstück fragte Vedia, was ich denn am liebsten von der Stadt sehen würde. Ich überlegte nicht lange: „Alles was mit Kultur und Kunst zu tun hat, eine Moschee vielleicht, aber auch Miniatürk und etwas Typisches für Istanbul."

„Aha, dann weiß ich schon", lächelte unsere Gastgeberin. „Schade, *Dolmabahçe saray* und *Topkapı* sind in der kurzen Zeit wohl kaum zu schaffen."

Wir begannen mit der *Istiklal Caddesi*, der populärsten Einkaufsstraße in Istanbul. Ich staunte, was es hier alles gab. Danach wurden wir von unseren Gastgebern zum Essen in die *Çiçek Pasajı* eingeladen.

„Bevorzugst du Fleisch oder Fisch?", wurde ich gefragt Entsetzt wehrte ich ab: „Bloß keinen Fisch!" Schon zu Hause hatte ich, die ich von Deutschland Fischstäbchen und Seelachsfilet gewohnt war, meinen Kampf mit den Gräten der hier frisch zubereiteten Fische. Nicht auszudenken, wenn ich diesen in der Öffentlichkeit vor aller Augen fortführen müsste. Wir aßen stattdessen lecker gegrilltes Fleisch an einem gemütlichen Tisch draußen in der schönen Passage.

Danach fuhren wir in ein anderes Viertel und besichtigten die *Süleymaniye Camii* und die *Aya Sofya-* Hagia Sophia. Dann führte unser Weg durch eine wunderschöne kleine Straße mit restaurierten Häusern im osmanischen Stil, deren Balkons mit bunten Blumenkästen geschmückt waren. Nun mussten wir schon eilen, dass wir noch *Miniatürk-* den Park mit Miniaturen türkischer Sehenswürdigkeiten - schafften, bevor geschlossen wurde. Da kam auch schon ein Anruf auf Hugos Handy.

Mehmet wollte noch etwas besprechen. Nicht einmal der Sonntag war dem Mann heilig! Mit Anweisungen des Verlags ausgerüstet machten wir uns in der Nacht auf die Heimreise. Zu Hause erwarteten uns bereits E- Mails mit neuen Texten zum Übersetzen. Es war dringend! Musste doch alles noch mit in die neue Ausgabe! Also machten wir uns unausgeschlafen ans Werk. Wir arbeiteten die folgenden Tage und Nächte bis in die Morgenstunden. Zwischendurch kamen die Kinder: „Mama, es ist schon 23 Uhr! Wann gibt es denn Abendessen?" Erschrocken stellten wir fest, dass die *Türkische Allgemeine* uns fest im Griff hatte und von nun an unseren Tagesablauf bestimmte. Einige Texte waren kompliziert zu übersetzen, einige total ungeeignet für die größtenteils deutschen Leser. Zwischendurch schrieb ich mit Wonne Kolumnen. Ein Anruf vom Redakteur: Die Zeitschrift brauche dringend Geld! Wir sollten versuchen, kostenpflichtige Werbeanzeigen von Firmen einzutreiben, wir bekämen natürlich Provision. Noch mehr Arbeit! Aber wir ergatterten tatsächlich zwei Aufträge: einen von der Firma Bosch und einen von einer Thermalanlage in Davutlar, dessen Besitzer vorher in Deutschland gearbeitet hatte und sich sehr für die

Zeitschrift interessierte. Die neue Ausgabe war da und wurde uns zugeschickt, gleich mehrere Exemplare zu Werbezwecken. Nicht ohne Stolz betrachteten wir das Werk, an dem wir beteiligt waren. Auch meine Kolumne war dabei. Neue Texte trudelten ein, die wir übersetzen sollten. Der zweite Monat verging, doch noch immer hatten wir nicht einen *kuruş* – Pfennig gesehen.

„Ich übersetze nicht mehr, die bezahlen nicht!", erklärte ich meinem Mann verärgert.

„Doch, die zahlen schon noch", beruhigte er mich. Wieder übersetzten wir bis in die Nacht hinein. Am Ende des Monats rief mein Mann in der Redaktion an und wurde vertröstet. Das Geld würde kommen, Mehmet vergewisserte sich nochmals wegen unserer Bankverbindung. Nächste Woche sei das Geld auch ganz bestimmt auf dem Konto. Hugo gab sich alle Mühe, mich zu überreden, weiterzumachen. „Die bescheißen uns doch! Da kommt kein Geld - ich habe es satt, mir für nichts die Nächte um die Ohren zu schlagen!", fauchte ich. Halbherzig machte ich dann doch wieder mit, denn er war entschlossen weiterzumachen. „Nur noch dieses eine Mal", beruhigte er mich.

Nach einer Woche war noch immer kein Geld auf dem Konto.

„Rufst du an oder soll ich?", fragte ich Hugo. Er tätigte den Anruf, aber ich hörte das Gespräch mit. Wieder nichts als Ausflüchte! Vier Monate arbeiteten wir jetzt schon ohne Bezahlung und ohne Vertrag. Aber den brauchte man ja hier nicht! Mein Mann war die Ruhe selbst. Das durfte doch nicht wahr sein! Langsam wurde ich wütend auf alles und jeden.

„Ich glaube Ihnen kein Wort! Sie haben gar nicht vor, uns zu bezahlen! Sie Betrüger!", donnerte ich dazwischen. Auf der anderen Seite wurde eine traurige Stimme laut. Wie ich denn sowas behaupten könne. Dann wurde eingehängt.

Ich konnte Hugo überzeugen: Wir übersetzten nicht weiter und erfuhren wenige Wochen später, dass die *Türkische Allgemeine* ihren Verlag eingestellt hatte und eigentlich schon lange pleite war. Dies waren die letzten Versuche gewesen, die Karre aus dem Dreck zu ziehen. Ohne Vertrag hatten wir nichts gegen den Verlag in der Hand. Wir waren nicht nur gutgläubig sondern regelrecht blauäugig gewesen. „Nie wieder ohne rechtskräftigen Vertrag", sagte ich zu meinem Mann. Wir waren froh, dass wir wieder zum normalen Tagesablauf übergehen konnten und mehr Zeit für unsere Töchter hatten.

Doch durch unsere Tätigkeit bei der Zeitschrift sollte sich schon bald eine neue Arbeitsmöglichkeit ergeben.

Das Leben ist wie eine Leiter, die aus vielen einzelnen Stufen besteht. Und so betrachte ich heute die Arbeit bei der Türkischen Allgemeine ohne Groll nur als eine weitere Sprosse auf unserer Trittleiter.

Wie sollte es nun weiter gehen? Nach wie vor war es nicht einfach, etwas Passendes zu finden. Unter unseren Kunden, die eine Werbeanzeige in der Zeitschrift geschaltet hatten, befand sich auch ein Thermalhotel in Davutlar. Wir hatten dort diesbezüglich noch einiges abzuwickeln und informierten den Besitzer der Anlage gleichzeitig über das Ende der Türkischen Allgemeine.

„Habt ihr vielleicht Lust, mit mir zu arbeiten?", fragte dieser. „Mit Vertrag?", lautete meine Gegenfrage. „Selbstverständlich", bekam ich zur Antwort. Wir sollten Tagestouren für Interessierte organisieren, um damit Werbung für das Hotel zu machen. Natürlich mussten wir erst einmal Leute finden, die bereit waren, für dieses „Hineinschnuppern" zu zahlen. Na ja, wir wollten es zumindest probieren. Wir würden zu zweit arbeiten und etwa die Hälfte dessen bekommen, was man uns bei der Zeitschrift damals zugesagt hatte. Das war nicht viel, aber es sah auch nicht nach allzu viel Arbeit aus. Mein Mann hatte die Idee, Nachbarn aus unserer Siedlung sowie Bekannte für das Projekt zu gewinnen. Diese waren sofort dabei. Ein *komşu* – Nachbar hat einen hohen Wert und ein *arkadaş* – Freund erst recht! Da hilft man gerne! Ein Bus musste organisiert werden. Auch das war leichter als gedacht. Wir bekamen ihn tatsächlich voll und waren bei der Führung zugegen. Das Programm beinhaltete ein Mittagessen, das hauptsächlich aus pflanzlicher Nahrung bestand und durchaus nicht jedermanns Geschmacksnerv befriedigte. Das siliziumhaltige Heilwasser roch stark nach faulen Eiern, und nur wenige trauten sich, einen Schluck davon zu kosten. Danach war Baden in einem der Thermalbecken angesagt. Das warme Wasser tat wirklich gut, während das Essen später in höflicher Zurückhaltung bemängelt wurde.

Mein Mann begann zwischen Izmir und dem gut 120 Kilometer weiter südlich liegenden Davutlar zu pendeln. Für mich war so etwas nur an den Wochenenden möglich, da ich die Kinder und den Haushalt zu versorgen hatte. Einmal war ich jedoch mit meinem Mann fast eine Woche dort. Ein bekannter Professor aus Deutschland war mit mehreren Mitarbeitern und einer kleinen deutschen Reisegruppe erschienen, um dort über Schlaftherapie und ein Mineral namens Siliciumdioxid bzw. Kieselsäure zu sprechen, das den Alterungsprozess stoppen sowie Gesundheit und Schönheit erhalten sollte.

Der Tag begann frühmorgens mit einem Waldspaziergang, dem das Frühstück folgte. Es war November und doch noch um einiges wärmer als in Izmir zu dieser Zeit.

Meine Aufgabe bestand darin, der Gruppe aus Deutschland zu übersetzen, was der Besitzer der Thermalanlage dem Publikum erklärte. Besonders interessant fand ich die Colon-Therapie zu Zwecken der Darmreinigung. Ich lernte selbst eine Menge hinzu, und die Übersetzungen gingen mir leicht von der Hand. Nachts durften wir die Quisies ausprobieren, kleine Geräte, die die Schlaf- und Traumphasen aufzeichneten. Am nächsten Morgen wurden sie dann vom Professor ausgewertet.

Nun muss ich dazu sagen, dass mein Rhythmus alles andere als der Norm entsprechend ist. Morgens schaute der Professor kopfschüttelnd auf meine Auswertungen, die ihn wohl vor ein Rätsel stellten. Ich musste lachen und versuchte, Licht in das Ganze zu bringen.

„Also, zu Hause bin ich es nicht gewohnt, schon gegen 23 Uhr ins Bett zu gehen. Ich kann dann nicht schlafen – das Problem hatte ich schon als Schulkind. Also habe ich im Bett noch zwei Stunden Walkman gehört", sagte ich und wies auf die seltsamen Linien, die weder einen

Schlaf – noch einen Wachmodus anzeigten. Der Professor lachte jetzt auch. Es stellte sich heraus, dass sich meine Schlaf- und Traumphasen nicht abwechselten wie gewöhnlich. Ich hatte nur eine Tiefschlafphase – und zwar morgens nach 7 Uhr. Das erklärte auch, warum ich wie zerschlagen war, wenn ich früh aufstand und weshalb ich mich so gut wie nic an meine Träume erinnern konnte. Bei einem Mann aus der Reisegruppe wurde festgestellt, dass er Alkohol konsumiert und regelrecht im Drusen gelegen hatte. Sogar schweres und blähendes Essen konnte ein Experte anhand der Aufzeichnungen nachweisen.

Solange die Reisegruppe sich im Hotel befand, waren wir nun öfter zugegen. Gemeinsam übersetzten wir Texte für die Gäste des Hotels. Der Professor wurde von einem Mann begleitet, der mit Quisies handelte. Dieser lieh meinem Mann ein solches Gerät und sagte: „Wenn du magst, kannst du den Verkauf in der Türkei übernehmen."

Wieder eine neue Idee, die Hugo prompt aufgriff. Doch das war gar nicht so einfach wie unser Freund behauptet hatte. Kein Arzt, weder im Krankenhaus noch in den Privatpraxen war daran interessiert, den Patienten ein wertvolles Gerät mit nach Hause zu geben, und Schlaflabore waren hier damals noch unbekanntes Gebiet. Wer sollte die Ergebnisse auswerten? Schließlich fand sich dann doch noch ein barmherziger Spezialist, der eigentlich Nierensteine zertrümmerte, aber auch schon verschiedene Exportgeschäfte betrieben hatte. Besagte Firma existierte noch, war allerdings nicht mehr aktiv.

„Deine Idee ist einen Versuch wert. Aber auf eigene Verantwortung! Du kannst hier alles nutzen, aber einen Lohn kann ich dir nicht zahlen. Wir machen Halbe Halbe."

Zu der Zeit waren wir auch gerade dabei, unsere Tätigkeit beim Thermalhotel zu beenden, da sie für beide Seiten nicht lukrativ war. Nun standen wir wieder ohne Lohn da - von einer Versicherung ganz zu schweigen.

Die Sache mit dem Quisi lief nicht, so sehr mein Mann sich auch bemühte - es gab einfach keine Abnehmer.

Dem Arzt tat das leid und so fragte er, ob mein Mann bereit sei, auch etwas anderes im medikalen Sektor zu machen. Dann könne die Firma zu neuem Leben erwachen, und Hugo würde Vertrag, Versicherung und Lohn bekommen. Natürlich müsse er alles selber organisieren, planen und auch Kunden finden. Hugo war Feuer und Flamme und baute innerhalb kurzer Zeit einen Kundenstamm auf, zu dem private sowie staatliche Kliniken, Apotheken und Privatpraxen zählten. Das Quisi lief weiterhin nicht und ging schließlich an seinen Besitzer zurück. Dafür gab es aber einen großen Markt für Gefäß- und Wundpflegeprodukte, orthopädisches Material, Stütz-, Schulter,- und Gelenk-Bandagen sowie Verbände. Das Sortiment wuchs, und die vormals lahmgelegte Firma erlebte einen Höhenflug.

Allerdings war ich nun endgültig aus dem Rennen und begnügte mich mit Sprachtraining an einer Uni sowie privaten Nachhilfestunden für Schüler, die auf dem Gymnasium das Fach Deutsch belegt hatten. Manchmal kamen diese zu mir nach Hause, doch meistens musste ich dort hin, da sie oft knapp mit der Zeit waren. Einige nahmen Nachhilfe in verschiedenen Fächern, was für sie enormen Stress bedeutete, doch den Eltern war und ist es wichtig, dass ihre Kinder etwas erreichen. Dafür nehmen sie oft große Kosten auf sich, oftmals auch Bankkredite, um später das Studium ihrer Sprösslinge zu finanzieren. Auch wir zahlen noch immer den Kredit für unsere Jüngste an den Staat zurück – hier nicht etwa zinslos wie das deutsche Bafög.

Einer der Freunde meines Mannes war praktischer Arzt und setzte alles daran, ihn zu überreden, gemeinsam eine eigene Medikal-Firma zu eröffnen. Er würde das Finanzielle regeln, und Hugo sollte das Praktische übernehmen. Nach langem Zaudern ließ mein Mann sich darauf ein. Ein kleiner Laden wurde gemietet und die nötige Lizenz erworben. Später sollte sich herausstellen, dass dieser Partner wenig investieren wollte und gleich zu Anfang mit hohen Umsätzen rechnete. Doch so etwas braucht seine Zeit. Langsam und stetig wuchsen Budget und Kundenstamm. Ihm aber ging alles zu langsam, er schied aus der Firma aus, nachdem Hugo seinen Bruder zur Unterstützung - vor allem im Büro - eingestellt hatte, da die Arbeit alleine nicht mehr zu bewältigen war. Ich wurde vorübergehend die neue Geschäftspartnerin meines Mannes. Heute kann ich sagen, dass sich Mühe und Geduld ausgezahlt haben. Hugo beliefert Krankenhäuser und Praxen, nicht nur in Izmir sondern im ganzen ägäischen Raum zwischen Bergama, Afyon und Fethiye. Mit seinem Geschäft hat er eine solide Grundlage für uns und unsere Familie geschaffen.

(Auszug aus dem Buch „Endstation Anatolien")

Ein Hobby kann Ausgleich schaffen

Wie oft habe ich schon gehört: „Damals war sowas doch gar nicht möglich…" „Der Zug ist leider abgefahren!" „Wenn ich heute noch einmal die Wahl hätte …" und so weiter.

Erstens: Man hat immer eine Wahl!

Zweitens: Es nutzt nichts, etwas zu bedauern, das in der Vergangenheit liegt und man nun nicht mehr ändern kann!

Drittens: Wir müssen lernen, den Moment zu leben, sprich zu nutzen!

Der alte Mann, der sich schon als Junge für Flugzeuge begeisterte, ist nie Pilot geworden. Heute baut er jedoch in seiner freien Zeit mit Leidenschaft Modellflugzeuge zusammen und ist glücklich dabei.

Tante Elsie, die aus irgendwelchen Gründen nie Konditorin werden durfte, bäckt mit Leib und Seele nicht nur für die Familie fantasievoll verzierte Torten. Ihr Talent hat sich in der Nachbarschaft und im Freundeskreis längst herumgesprochen. Wann immer es einen besonderen Anlass gibt, wird sie gebeten, das Backen gegen ein gutes Entgelt zu übernehmen.

Ein Hobby kann auch einen gesunden Ausgleich zu einer vielleicht ungeliebten beruflichen Tätigkeit schaffen.

Egal, ob du gerne schwimmst, malst, wanderst, schreibst, singst, kochst oder werkelst: Tu es! Mach es für dich! Wenn nicht beruflich, dann eben privat. Du kannst natürlich mit deinem Hobby auch wieder etliche Menschen über das Internet erreichen. Schon manch ein Freizeitkoch hat seine Videos bei YouTube eingestellt, es werden zahlreiche Beratungskurse veranstaltet und Autoren halten Online-Lesungen. Vom Kartenlegen bis zum gesunden Ernährungsplan ist so ziemlich alles zu finden. Der Fantasie und Kreativität sind hier kaum Grenzen gesetzt.

In meinen Augen ist jedoch die innere Zufriedenheit wichtiger als ein kommerzieller Erfolg.

Mir zum Beispiel liegt das Schreiben im Blut, und wahrscheinlich würde ich auch weitermachen, wenn es nicht einen einzigen Käufer für meine Bücher gäbe. Natürlich freue ich mich über jeden Erfolg, das steht außer Frage. Ich schreibe hauptsächlich Kinderbücher und Fantasy-Romane, zurzeit arbeite ich an einem Mittelalterroman. In diesen Büchern sind auch immer Botschaften für den Leser enthalten. So geht es zum Beispiel in meinen Kinderbüchern um Vertrauen, Toleranz und Freundschaft, aber auch um Umweltschutz und Natur. Es ist ein gutes Gefühl, etwas vermitteln zu können, das einem selber wichtig ist, und ich freue mich natürlich über jeden zufriedenen Leser.

Beim Schwimmen im Meer kommen mir oft die besten Gedanken. So manch zündende Idee entsteht in den wildesten Fluten, und mehr als einmal inspirierten mich sanfte Wellen, Geschichten über Meerjungfrauen und andere Naturgeister zu schreiben. Eine wahre Inspirationsquelle ist mein kleiner Reihenhausgarten, der eine ungeahnte Vielfalt an Pflanzen, Büschen und Bäumen in sich vereint. Doch auch im größten Menschengewühl muss ich manchmal Ideen gedanklich abspeichern, um sie später dann auf dem Laptop festzuhalten.

Reisen ist für mich wie Balsam für die Seele. Ich sauge mit Wonne die Eindrücke fremder Städte, Bauwerke, Menschen, Marktplätze und Landschaften förmlich in mich auf. Manchmal entstehen dabei andere Bilder vor meinem geistigen Auge. Pferdedroschken, Kopfsteinpflaster und Damen in langen Kleidern mit sonderbaren Hüten auf dem Kopf entführen mich in längst vergangene Zeiten. Noch heute gehe ich manchmal in Gedanken durch jene Straßen in Straßburg, Prag, Verona oder Szeged, die ich vor Jahren wirklich beschritt, und nehme spezifische Gerüche, Geräusche und manchmal sogar Einzelheiten wie die mit Töpfen und Gießkannen dekorierten pastellfarben gestrichenen Fachwerk-Häuser in Colmar wieder wahr.

Das Leben ist schön, wenn man den Dingen, die einem Spaß und Freude machen, genügend Platz einräumt. Solange man noch Ziele und Wünsche hat, ist der Traum nicht verloren. Und wer weiß, wann sich eine Gelegenheit bietet, die man beim Schopfe fassen kann?! Deshalb gib deinen Traum nie auf, du weißt nicht, wie nah du seiner Erfüllung schon bist.

Kleine Kunstwerke aus Fimo

Angefangen hat alles mit meinem Buch über Kobold Nepomuck. Im Internet recherchierte ich nach der Veröffentlichung alles Mögliche über Kobolde. Dabei stieß ich auf eine interessante Webseite im Internet. Eine Künstlerin modellierte Troll Figuren und Hexen aus Fimo. Es stellte sich heraus, dass sie früher auch selbst schon Modellierkurse gegeben hat. Kurzerhand schrieb ich sie an und berichtete von meinem Kinderbuch. Sie war sehr interessiert und fragte mich, ob sie Nepomuck modellieren dürfte. Ich war sofort Feuer und Flamme, und so entstand nicht nur ein reger Austausch sondern sogar eine echte Freundschaft im Laufe der Zeit. In jenen Tagen schrieb ich gerade an meinem Kochbuch „Zauberhafte Gerichte aus der Koboldküche", und so modellierte sie für mich den Koch Nepomuck. Meine Neugier war geweckt. Unter ihrer Anleitung übers Internet versuchte ich mich nun auch an der Modelliermasse und fand zunehmend Gefallen daran. Jede Figur wird anders, und es ist für mich immer wieder eine echte Überraschung, wie sie letztendlich aussieht. Ich denke, etwas von unserer Stimmung und Inspiration fließt in jedes Werk mit ein - und das macht es schließlich zum unverwechselbaren Unikat. Das Arbeiten mit Fimo bzw. Polymer Clay erfordert natürlich viel Zeit, Konzentration und Geduld, doch es beruhigt auch und ist somit ein guter Ausgleich zu unseren sonst oftmals recht hektischen Tagesabläufen.

Jahre später besuchte ich die Künstlerin in Deutschland und werkelte mit ihr tagelang in ihrem Atelier. Dabei lernte ich so manchen Kniff, und wir hatten beide einen Riesenspaß dabei.

Ich modelliere heute so, wie ich neben meiner Tätigkeit als Autorin und dem Haushalt Zeit und Lust habe, jedoch nicht zu kommerziellen Zwecken sondern für mich selbst. Ab und zu trenne ich mich schweren Herzens mal von der einen oder anderen Figur, um sie an liebe Freunde oder Verwandte zu verschenken.

Aus dem Kochbuch „Zauberhafte Gerichte aus der Koboldküche"

Leben bedeutet auch Spaß

Man kann das Leben als Last empfinden oder auch als Zwang, indem man das Gefühl hat, es anderen stets recht machen u müssen. Darauf folgen dann prompt meist Unzufriedenheit, Verzweiflung und die Angst zu versagen bzw. diesen Aufgaben einfach nicht gewachsen zu sein.

Man kann das Leben aber auch als Geschenk ansehen und versuchen, seinen eigenen Vorstellungen und Zielen zu folgen.

Wie oft hörte ich zu meiner Kinder- und Jugendzeit den Spruch: Man lebt um zu arbeiten.

Ich fand es traurig, mir war das einfach nicht genug. Da musste doch noch mehr sein!

Bei meinem Aufenthalt in Kenia sah ich dann in den 80ern die Kehrseite der Medaille. Im Hotel in Malindi hatten wir eine sehr nette Bedienung, Hier ging alles pole pole, also langsam langsam, denn die Eingeborenen schienen unendlich Zeit zu haben. Da konnte es dann schon mal vorkommen, dass der Kaffee in der Tasse nur noch lauwarm war, wenn er am Tisch anlangte. Doch was machte das schon, wenn der Boy einen dafür mit seinen strahlend weißen Zähnen anlächelte.

Eines Tages war die Bedienung eine andere. Auf meine Frage hin, wo der nette junge Mann denn sei, erfuhr ich, dass viele Leute hier nur so lange arbeiteten, bis sie ihren Lohn ausbezahlt bekommen und erst wieder erschienen, wenn das Geld aufgebraucht war. Zwischendurch wurde einfach nur gelebt und genossen. Welch unterschiedliche Lebensauffassungen!

Wenn man sich aber nun die wirtschaftliche Situation in Kenia ansieht und sie mit der in Mitteleuropa vergleicht, so ist diese Einstellung sicherlich auch nicht die ideale. Besagter Afrikaner lebte nur für den Augenblick, der Europäer lebt für seine Altersrente und soziale Sicherheit.

Befriedigender ist vielleicht der goldene Mittelweg.

Fazit: Bei all der Arbeit darf das Leben an sich nicht zu kurz kommen. Und Leben bedeutet auch genießen und Spaß haben. Im erstrebten Idealfall wird die Arbeit zum Vergnügen, weil man sie gerne macht. Ansonsten muss man einen Ausgleich schaffen, seine Vorlieben am Wochenende, in der Freizeit und im Urlaub ausleben. Mein Vater zum Beispiel sammelte mit Leidenschaft Briefmarken, ein inzwischen überholtes Hobby, und verzierte Fotoalben mit aus Grußkarten ausgeschnittenen Bildern. Am Wochenende ging es, wenn das Wetter es zuließ, mit dem Rad ins Grüne. Als Rentner beschränkte er sich mehr und mehr auf seine Schnippel arbeiten, fand aber auch Gefallen am Reisen und betätigte sich zunehmend im Haushalt, da meine Mutter derzeit noch halbtags arbeitete.

Meine Mutter, inzwischen fast 90 und seit Jahren verwitwet, verbringt einen Großteil ihrer Zeit mit Gesellschaftsspielen, kleinen Reisen im Altenkreis, Sudoku, Gedächtnistraining, Sitz-Tanz und noch so allerlei.

Im Alter hat sie gelernt, das Leben noch richtig zu genießen.

Was mich betrifft, so werde ich wohl noch einige Bücher schreiben, da mir immer wieder etwas einfällt, das ich einfach zu Papier bringen muss. Doch auch das Schwimmen und das Reisen möchte ich nicht aufgeben. Und manchmal schaue ich einfach nur über das Meer in die Ferne und lasse mich von meinen Träumen davontragen.

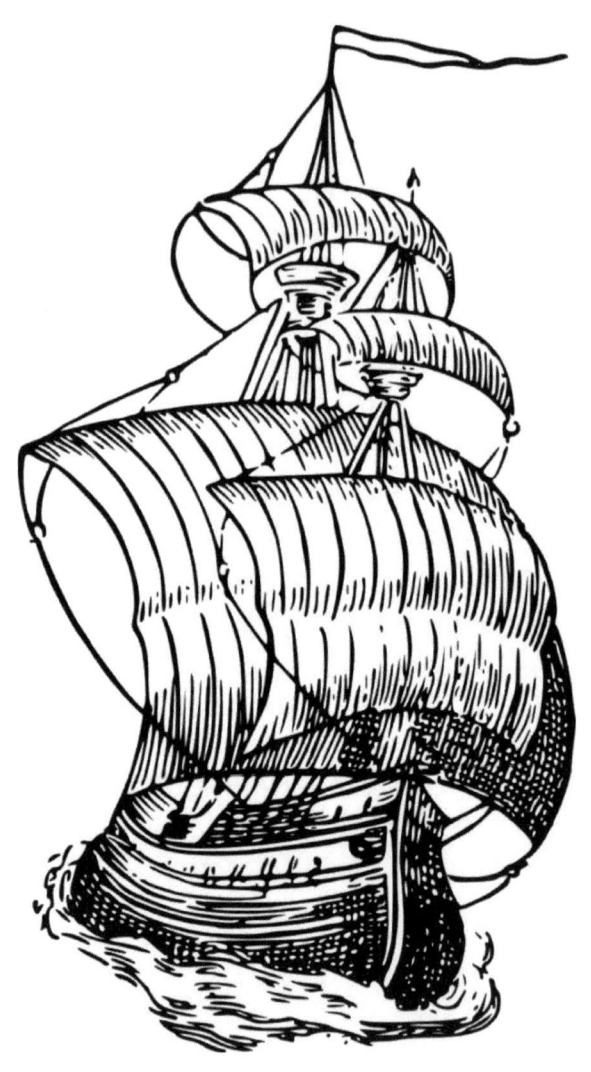

Intuition und Verstand

Jahrelang wurde uns in Elternhaus und Schule eingetrichtert, alles verstandesmäßig anzugehen, das Für und Wider sorgfältig abzuwägen und erst dann eine Entscheidung zu treffen. Leider bleibt dabei unser Bauchgefühl oftmals auf der Strecke. Dabei ist gerade das ein wichtiger Wegweiser. Bauchgefühl beruht auf Intuition und nicht auf rationaler Überlegung. Naturgemäß sind Denken und Fühlen miteinander verbunden, dies ändert sich jedoch in dem Moment, wo man das Gedankengut anderer annimmt bzw. sich manipulieren lässt. Jeder von uns kennt wohl dieses unwohle Gefühl im Bauch, wenn wir dabei sind, eine zweifelhafte Entscheidung zu treffen. Man könnte auch sagen, ein Alarmlämpchen leuchtet plötzlich auf. Das sollten wir keinesfalls ignorieren. Genau dieses Bauchgefühl half unseren Vorfahren dabei in Extremsituationen zu überleben.

Intuition wird als Grundlage der Kreativität bezeichnet. Ohne Intuition und Kreativität würde es keine Erfindungen geben. So kann man davon ausgehen, dass rationales Denken allenfalls das Bauchgefühl unterstützen sollte. Zudem ist die Intuition, immer etwas schneller als der Verstand. Wie oft hattest du schon eine Idee, dein Bauchgefühl sagte dir: Tu es! und kurz darauf hat dein Verstand dich ausgebremst? Ist das nicht ganz ähnlich, als würde jemand anders dir sagen: Welch eine verrückte Idee! Nein, das schaffst du ohnehin nicht! Lass lieber die Finger davon!

Wieder einmal scheitert eine vielleicht gute Idee am Wenn und Aber. Gut, dass die großen Erfinder sich um solche Einwände wenig scherten. Wir würden wohl sonst noch heute ohne Strom und jeden Komfort um ein Höhlenfeuer herum sitzen.

Manchmal sind spontane Einfälle ohnehin die besten. Dennoch man kann vieles zerdenken oder zerreden.

Mein Tipp: Lebe deine Ideen aus, höre mehr auf dein Bauchgefühl. Sollte es schiefgehen, so hast du es zumindest versucht und musst dir später nicht vorwerfen, es nie ausprobiert zu haben. Das Leben ist voller

Möglichkeiten, die es auszuloten gilt. Nicht immer ist der erste Weg der richtige, doch es lohnt sich, verschiedene Dinge und Richtungen auszuprobieren. Das Leben ist ein guter Lehrmeister. Auch aus Fehlern lernen wir. Und später machen wir es eben besser. Wer immer Angst hat, einen Fehler zu machen, der wird stets auf derselben Stelle treten und nicht weiterkommen. Hab den Mut, deine Ideen zu verwirklichen!

Zurückfallen in alte gewohnte Lebensmuster

Sobald etwas nicht dem eigenen Wunsch entsprechend läuft oder unbequem wird, neigt Mensch dazu, in seine alten und gewohnten Lebensmuster zurückzufallen. Da kommen schnell Zweifel und düstere Gedanken auf: „Früher musste ich mich nicht so abmühen." „Weißt du noch wie es war, als wir ausschlafen konnten und nicht so lange Anfahrten hatten." oder „Wozu nehme ich eigentlich all diese Mühe auf mich?"

Spätestens in diesem Moment sollte man sich erinnern, warum man gerade diesen Weg eingeschlagen hat. Nämlich um sich selbst zu verwirklichen.

Wenn uns nun aber etwas gründlich misslingt? Ich denke, inzwischen sind wir emotional so weit vorangeschritten, dass wir das verkraften können und nicht gleich das Handtuch werfen. Ein altes Sprichwort sagt: „Es ist noch kein Meister vom Himmel gefallen" und ein anderes: „Übung macht den Meister". In diesen Sprichwörtern steckt eine Menge an Weisheit. Auch wir müssen schließlich unsere eigenen Erfahrungen machen, und Rückschläge gehören nun mal dazu. Und ganz sicher werden wir nicht frustriert umkehren, nur weil plötzlich ein Hindernis vor uns liegt. Wir werden abwägen, ob wir darum herum gehen, es aus dem Weg räumen oder darüber klettern müssen. Wichtig ist nur, dass wir unser Ziel dabei nicht aus den Augen verlieren.

Es ist ohnehin sicherer, in kleinen Schritten vorwärts zu gehen, Gipfelstürmer sind eher selten. Jedes neue Projekt erfordert eine Menge Geduld und Kraft. Hilfreich kann hierbei übrigens auch das Manifestieren eigener kleiner Rituale sein.

Jeder von uns tut manchmal unbewusst Dinge, die ihm am Herzen liegen und die er gern zu bestimmten Zeiten wiederholt. Als Beispiele seien nur einmal die Tasse Kaffee am Nachmittag bei gemütlichem Kerzenschein, das Glas Rotwein am Abend oder der morgendliche Spaziergang mit dem Hund genannt. Diese Rituale sind ganz wichtig für uns, und wir sollten sie pflegen, so gut wir können, denn sie geben uns Kraft, Sicherheit und den nötigen Ausgleich.

Katzen sind übrigens wahrer Balsam für die Seele. Ich denke, ich kann es beurteilen, da ich täglich zwei liebevoll schnurrende Exemplare um mich habe, die meine Privatsphäre aber ebenso akzeptieren, wie ich ihre.

Auf die Haltung kommt es an

Unsicherheit und Kummer lassen Menschen buchstäblich schrumpfen. Das heißt, sie nehmen eine leicht gebeugte Haltung an, da ihnen etwas auf den Schultern lastet. Das bleibt unseren Mitmenschen natürlich nicht verborgen, und es dient nicht zum Vorteil, wenn man beispielsweise eine neue Arbeit oder Wohnung sucht oder einen Vertrag abschließen möchte. Wenn man hingegen aufrecht geht und seinem Gegenüber fest in die Augen sieht, befindet man sich automatisch in einer ganz anderen Position.

Auch hieran kann man arbeiten. So albern es klingen mag: Stell dich sich öfter mal vor einen Spiegel und achte nicht nur auf dein Gesamtbild sondern auch auf deine Ausstrahlung.

Sag dir: *Ich bin so wie ich bin und habe Erfolg damit. Ich kenne meinen Wert.*

Wiederhole dies täglich zwei- oder dreimal. Haltung und Augen sind hierbei die wichtigsten Aspekte. In erster Linie musst du natürlich selbst von deinen Werten überzeugt sein, erst dann werden auch andere sie sehen.

Innere Zufriedenheit und Selbstsicherheit strahlen nach außen, Unsicherheit leider auch. Also nützt es wenig, Schminke aufzutragen um Unwohlsein zu vertuschen oder sich in eine teures Kleid bzw. einen schicken Anzug zu zwängen. Ich meine wirklich zwängen, denn das ist ein Zwang, den wir uns auferlegen, um vor anderen so zu scheinen, wie wir eigentlich gar nicht sind. Und das fällt ganz schnell auf! Du musst nicht scheinen sondern sein. Und dies nicht nach den Vorstellungen anderer, sondern aus deinem eigenen Willen heraus.

Du hast deine ganz eigenen Werte und Talente, die es nun zu leben gilt. Lass dich nicht verbiegen oder in eine Haut stecken, die dir nicht gehört und dir letztendlich die Luft zum Atmen nimmt.

Ich habe es schon an anderer Stelle erwähnt: Es tut gut, sich mit positiv eingestellten Menschen zu umgeben, die idealerweise auch gleiche Interessen mit uns teilen. Wichtig ist immer, dass man sich in der

Gesellschaft der anderen wohl fühlt. Beruflich ist dies nicht immer möglich, dafür aber umso mehr im privaten Bereich. Und da darf man sich dann wieder auf sein Bauchgefühl verlassen. Wie oft hörte ich schon im Laufe meines Lebens: *Was willst du denn mit der oder dem? Der hat doch nichts und kann auch nichts.*

Rein verstandesgemäß betrachtet, stimmte das vielleicht sogar- und dennoch war da eine gewisse Harmonie im Spiel. Manchmal gesinnt sich Gleich und Gleich – und manchmal ziehen Gegensätze sich an. Letztendlich müssen wir selbst unsere Entscheidungen treffen und zwar Tag für Tag neu.

Hindernisse aus dem Weg schaffen

Jemand, der immer nur davon träumt, ein Haus zu bauen und niemals einen Stein auf den anderen setzt, der setzt höchstens Luftschlösser in die Welt. Was hält uns eigentlich davon ab, unseren Wunsch in die Tat umzusetzen? Ist es Angst oder Unsicherheit? Mangelndes Selbstvertrauen oder gar Bequemlichkeit? Wenn wir uns darüber bewusst sind, wer oder was uns blockiert, dann haben wir schon viel gewonnen und können versuchen, diese Hindernisse aus dem Weg zu räumen oder zu umgehen. Vielleicht ist aber gerade das der schwierigste Teil. Und oftmals ist es da sehr hilfreich, sich mit gleichgesinnten und optimistischen Menschen zu umgeben, die einem gegebenenfalls auf die Sprünge helfen und Mut zusprechen. Hat man sich aber endlich überwunden, erlebt man ein regelrechtes Hoch.

Eine kleine Liste für dich

Unsicherheit und Kummer lassen Menschen buchstäblich schrumpfen. Das heißt, sie nehmen eine leicht gebeugte Haltung an, da ihnen etwas auf den Schultern lastet. Das bleibt unseren Mitmenschen natürlich nicht verborgen, und es dient nicht zum Vorteil, wenn man beispielsweise eine neue Arbeit oder Wohnung sucht oder einen Vertrag abschließen möchte. Wenn man hingegen aufrecht geht und seinem Gegenüber fest in die Augen sieht, befindet man sich automatisch in einer ganz anderen Position.

Notiere auf einem Blatt Papier alles, was du gerne machst ♥

1.

2.

3.

4.

5.

6.

7.

Notiere dann deine Talente, alles, was du gut kannst ♫

1.

2.

3.

4.

5.

6.

7.

Versuche nun, all diese Dinge in deinen Tagesablauf bzw. dein Leben einzubauen. Sie werden für dich und sicherlich auch für andere eine Bereicherung darstellen. ☼

Ich wünsche dir auf deinen weiteren Wegen, dass du dir immer deiner Fähigkeiten und deiner Besonderheit bewusst bist und diese zur rechten Zeit am rechten Ort einsetzt. Gib nie deine individuellen Träume und Hoffnungen auf, sondern versuche, sie umzusetzen und zu leben.

Deine Christine Erdiç

Die Autorin

Christine Erdiç wurde 1961 in Deutschland geboren. Sie interessierte sich von frühester Kindheit an für Literatur und Malerei. Schon damals verfasste sie oft kleine Geschichten und Gedichte, die sie jedoch nie veröffentlichte. Nach dem Abitur war sie in unterschiedlichen Bereichen tätig und reiste viel. Seit 1986 ist sie verheiratet, hat zwei Töchter und lebt seit dem Millennium in der Türkei. Unter anderem gab sie Sprachtraining an der Universität von Izmir, machte Übersetzungen und verfasste Berichte für die Türkische Allgemeine, eine ehemalige Zeitschrift in deutscher Sprache, und gibt private Deutschstunden.

Infos unter:

Meine Bücher- und Koboldecke

https://christineerdic.jimdofree.com/

Reisetipps und Literatur

https://literatur-reisetipps.blogspot.com/

Buchtipps

Glücksschmiede: Tipps für mehr Glück und Erfolg

Glücklich und erfolgreich sein. Wer möchte das nicht? Ein altes
Sprichwort sagt: jeder ist seines Glückes Schmied.
Wie aber schmiedet man sein Glück? Es ist gar nicht mal so schwer.
Dieser kleine Ratgeber zeigt Ihnen interessante Wege auf, die zu
Glück und Erfolg führen.

Luhg Holiday

Dieser Sammelband vereint zwei spannende Geschichten:
Willkommen im Luhg Holiday
Als Familie Kohlmann wegen eines vorausgesagten Schneesturms
ganz spontan im Hotel Luhg Holiday einkehrt, ahnt sie noch nicht,
was sie dort erwartet. In dem alten unheimlichen Haus scheint nichts
mit rechten Dingen zuzugehen, und schon bald finden sich die drei
Kinder und ihre Eltern im unglaublichsten Abenteuer ihres Lebens
wieder.
Auf Wiedersehen im Luhg Holiday
Auf einer Urlaubsreise in den Süden fahren Sabrina, Gudrun und
Betty im Nebel gegen einen Baum und müssen im Luhg Holiday
einkehren. Das Hotel hat sich verändert, denn es sind 7 Jahre
vergangen, seitdem Sabrina mit ihrer Familie dort unfreiwillig ihre
Ferien verbrachte. Wer ist der nette junge Mann, der sich nach dem
Unfall so rührend um sie kümmert und doch ein düsteres Geheimnis

mit sich trägt? Und was ist aus den Ghulen geworden, die das Luhg
Holiday verwalteten? Ein spannendes Abenteuer wartet auf die
Freundinnen. Werden sie der Gefahr entkommen, die dort hinter den
düsteren Mauern auf sie lauert?
Eine Gruselkomödie der Sonderklasse und ein besonderes
Lesevergnügen für die ganze Familie.

ISBN-13: 978-3743152625

Mystica Venezia

Eine verschwundene Braut, ein Sensenmann als Gondoliere, eine blinde Malerin, ein seltsames Zeichen an einer Mauer und ein geheimnisvoller Orden, Guido hat sich seine Hochzeitsreise nach Venedig dann doch etwas anders vorgestellt. Verzweifelt macht er sich gemeinsam mit seiner Schwägerin Ana Karina in den Wirren des Karnevals, der durch die engen Gassen der Lagunenstadt tobt, auf die fast aussichtslose Suche nach Christina Maria und stößt dabei auf eine uralte Legende.

ISBN-13: 978-3903056701

Auswandern? Mit fast vierzig Jahren und zwei schulpflichtigen Töchtern? Und noch dazu in den Orient?
Christine Erdic hat es gewagt!
Das Morgenland lockt mit bunten Basaren, leuchtenden Farben, einem unvergleichlich blauen Himmel und geheimnisvollen mondbeschienenen Nächten. Doch wie ist das wirkliche Leben hinter dem Schleier der Illusionen?
Ein Buch, das das Leben schrieb!

ISBN-13: 978-3752897111

Weitere Bücher der Autorin:

Unheimliche Geschichten
ISBN-13: 978-1093338331

Nepomucks Abenteuer
ISBN-13: 978-3903056183

Geschichten aus dem Reich der Hexen, Elfen und Kobolde
ISBN-13: 978-3735790729

Nepomucks Märchen
ISBN-13: 978-3746019260

Zauberhafte Gerichte aus der Koboldküche
ISBN-13: 978-3735792150

Mit Nepomuck auf Weltreise
ISBN-13: 978-3961112760

In Zusammenarbeit:

Neue Abenteuer mit Nepomuck und Finn
ISBN-13: 978-3749454280

Weihnachten mit Nepomuck und Finn
ISBN-13 : 978-3744890144

Ostern mit Nepomuck und Finn
ISBN-13: 978-3750407725

Nepomuck und Finn: Mission Umweltschutz: Ein Kinderbuch in Deutsch und Englisch
ISBN-13: 978-3751997478

Nepomucks und Finns Backstube
ISBN- 13: 978-3754373583

Kleine Mutmachgeschichten
ISBN-13: 978-3903056442

Wenn Ihnen mein Buch gefallen hat, würde ich mich über eine positive Rezension sowie eine Weiterempfehlung sehr freuen.
Herzlichst, Ihre Christine Erdiç

Ein besonderer Dank gilt meinen lieben Autorenfreundinnen Heidi Dahlsen und Britta Kummer, die mir stets mit Rat und Tat zur Seite stehen. Auf ihren Webseiten finden Sie interessanten Lesestoff.

KAMPFANSAGE: Mein Kampf gegen Depressionen, Panikattacken und Gefühlsloopings

Fühlen Sie sich auch manchmal irgendwie KOMISCH?
Wie fühlt sich eigentlich NORMAL an?
Nachdem mir bewusst geworden war, dass ich manisch depressiv bin, nahm ich den Kampf gegen die Depressionen, Panikattacken und Gefühlsloopings auf.
Sie erfahren, welche Lösungswege ich gefunden habe, um heute ein lebenswertes Leben führen zu können.
Dieses Buch ist für all diejenigen, die sich nicht davor scheuen, sich mit den Tabu-Themen der psychischen Krankheiten auseinanderzusetzen.

https://autorin-heidi-dahlsen.jimdofree.com/

Mein Leben mit MS 2: Ärzte, Krankenhäuser, Behörden, Therapeuten und noch vieles mehr

Aus dem Leben eines MS-lers. Völlig real und ungeschminkt nimmt die Autorin Sie mit in ihr MS-Leben. Erleben Sie Dinge, die sie am eigenen Leib erlebt hat. Wenn man nicht gesund ist, stellen sich oft Probleme in den Weg, die nicht immer einfach zu lösen sind. Verpackt mit etwas Ironie und Zynismus, denn damit lässt sich vieles leichter ertragen. Und dann gibt es da auch noch die Krankenhäuser, Ärzte, Ämter, Therapeuten und ..., die einem das Leben zusätzlich schwer machen. Ferner gibt es ein paar Hintergrundinformationen zum Thema MS. Da dies aber kein Fachbuch oder Ratgeber über die Krankheit MS (Multiple Sklerose) ist, sondern die Erlebnisse der Autorin beinhaltet, halten sich diese dezent im Hintergrund. Ein Buch, das Mut machen soll und zeigt, dass das Leben trotz einer unheilbaren Krankheit Spaß machen kann und lebenswert ist.

https://brittasbuecher.jimdofree.com/